考えよう！
生と死のこと
基礎から学ぶ生命倫理と死生学

波多江伸子
寺田　篤史
脇　　崇晴

木星舎

まえがき

　本書は、生命倫理と死生学のテキストです。大学や医療系専門学校の授業をイメージしながら、平易な文章でわかりやすく作成しました。学生さんが自分で考えやすいように、生と死の倫理問題の重要なキーワードと直近の統計データ、改定後の倫理指針など新しい資料も多く載せています。

　生命科学と医療技術の進歩によって、かつては考えられなかった生命操作が可能になりました。1978年、イギリスで世界初の体外受精児が生まれた時、新聞の第一面に「試験管ベビー誕生！」と大見出しが躍り、まるでマジックのような取り扱いでした。今では、「体外受精（IVF）」は、広く行われている不妊治療技術です。しかし、この技術開発で、不妊治療と同時に受精卵段階での病気診断や遺伝子操作、ES細胞の作製も可能になったのです。生命操作はどこまで許されるのか？　その理由を考えるのが生命倫理の大事な役割のひとつです。

　ところで、第4章「いのちの終わり」は、尊厳死・安楽死、延命医療、緩和ケアなどの医療問題の他に、広い視野からの「死生学（タナトロジー）」を学ぶ章でもあります。日本人の死生観や看取りの文化の変遷、若い世代の死因第1位の自殺。裁判員として関わるかもしれない死刑。さらに愛護動物（ペット）の殺処分についても考えます。死別後のグリーフケア・グリーフワークも盛り込まれた充実した章になりました。

　本書は、九州大学倫理学研究室の先輩後輩による共著として長く愛用されてきたテキスト『いのちを学ぶ』（波多江忠彦・波多江伸子・林大吾・新名隆志、木星舎）をベースにしています。2016年に波多江伸子・寺田篤史・脇崇晴が引き継ぎ、コンパクトで使いやすい『考えよう！　生と死のこと』として生まれ変わりました。さらに、2020年のCOVID-19の思いがけないパンデミックを経て、2021年にデータを最新化しています。

2021（令和3）年3月

執筆者を代表して
波多江　伸子

CONTENTS

まえがき　　　　　　　　　　　　　　　　　　　　　　　波多江　伸子

第1章　生命倫理の基本的な考え方

1-1　生命倫理の基本的な考え方　　　　　　　　　　　　　　10

生命倫理の基本原理　／　人　権　／　優生学・優生思想
ケアの倫理

1-2　インフォームド・コンセント　　　　　　　　　　　　　15

パターナリズムとインフォームド・コンセント
インフォームド・コンセントの歴史
インフォームド・コンセントの再検討

第2章　いのちの始まり

2-1　生殖補助医療　　　　　　　　　　　　　　　　　　　　22

生殖補助医療の基本技術　／　生殖補助医療の論点

2-2　いのちの選別　　　　　　　　　　　　　　　　　　　　29

出生前診断　／　人工妊娠中絶と選択的人工妊娠中絶
体外受精と着床前診断　／　デザイナー・ベビー

第3章　いのちのひろがり

3-1　臓器移植　　　　　　　　　　　　　　　　　　　　　　36

脳死と臓器移植　／　臓器移植の現状　／　臓器移植の論点

3-2　臓器移植の未来　　　　　　　　　　　　　　45

人工臓器　／　再生医療

第4章　いのちの終わり

4-1　死を学ぶことは生を学ぶこと　　　　　　　54

タナトロジー（死生学）とは何か？　／　誰の死か
死と向かい合う

4-2　看取りの場　看取りの方法　　　　　　　　59

死の看取りは文化　／　緩和ケアについて
緩和ケアは全ての苦痛に対応　／　日本人の最期の場所
在宅での看取り

4-3　グリーフケア・グリーフワーク　　　　　　71

4-4　自　　殺　　　　　　　　　　　　　　　　75

自殺とは　／　自殺の現状　／　自殺の多い国と地域
自殺の原因は複合的　／　自殺の連鎖　／　自殺はなぜいけないか
自殺の防止
友人が「自殺したい」と言ったら……個人としてできること

4-5　安楽死・尊厳死　　　　　　　　　　　　　83

SOLと2つのQOL　／　安楽死と尊厳死　／　尊厳死
安楽死をめぐる各国の状況　／　安楽死制度をめぐる議論

4-6　死刑と裁判員制度　　　　　　　　　　　　93

死刑とは　／　死刑存置論　／　死刑廃止論

4-7　動物のいのちを考える　　　　　　　　　　　101

　　日本における動物のいのちの扱い　／　動物虐待はなぜいけないか

$$* \quad * \quad *$$

COLUMN

COLUMN-1　トリアージ〈Triage〉　　　　　　　　　　　　　　　　28
COLUMN-2　エンハンスメント〈Enhancement〉　　　　　　　　　52
COLUMN-3　ビハーラ　vihāra（梵語）　　　　　　　　　　　　　70
COLUMN-4　臨終行儀　　　　　　　　　　　　　　　　　　　　74
COLUMN-5　尊厳死と安楽死をめぐる裁判　　　　　　　　　　　92
COLUMN-6　映画「いぬとねことにんげんと」
　　　　　　　——子どもといっしょに考える人と動物の幸せ　105

$$* \quad * \quad *$$

参考資料

資料 1：「安易な励まし」の事例　　　　　　　　　　　　　　　　14
資料 2：「ヒポクラテスの誓い」（一部抜粋）　　　　　　　　　　　15
資料 3：ナイチンゲール誓詞　　　　　　　　　　　　　　　　　16
資料 4：ニュルンベルク綱領（1947年　国際軍事裁判所）（一部抜粋）　16
資料 5：ヘルシンキ宣言（1964年）（一部抜粋）　　　　　　　　　17
資料 6：患者の権利章典に関する宣言（1973年11月17日　アメリカ病院協会
　　　　理事会承認）（一部抜粋）　　　　　　　　　　　　　　　18
資料 7：リスボン宣言（1981年）（一部抜粋）　　　　　　　　　　18
資料 8：生殖医療の応用と親子関係　　　　　　　　　　　　　　25
資料 9：母体保護法（旧優生保護法、1996年6月26日改正）（一部抜粋）　31
資料 10：刑法（一部抜粋）　　　　　　　　　　　　　　　　　　32
資料 11：着床前診断　　　　　　　　　　　　　　　　　　　　33
資料 12：生体臓器移植の扱い　　　　　　　　　　　　　　　　37
資料 13：脳死判定基準と除外例　　　　　　　　　　　　　　　38
資料 14：死後または心臓が停止した死後の移植件数　　　　　　39

資料 15：臓器移植に関する法律（最終改正：平成 21 年 7 月 17 日）（一部抜粋）	41
資料 16：臓器提供意思表示カード	42
資料 17：国別臓器移植数（2017 年）	43
資料 18：ヒト ES 細胞の樹立	47
資料 19：ヒト ES 細胞の使用に関する指針	48
資料 20：ヒトクローン胚によるヒト ntES 細胞の樹立	49
資料 21：ES 細胞と iPS 細胞の違い	50
資料 22：主な死因別死亡数の割合（2015 年）	58
資料 23：死亡場所の推移	60
資料 24：各国の死亡場所構成比（％）	67
資料 25：自殺に関する相談窓口	82
資料 26：リビング・ウィル（日本尊厳死協会）	87
資料 27：裁判員制度と類似の制度との比較	93
資料 28：死刑存廃国の数と割合（2017 年）	94
資料 29：死刑適用基準（永山基準）	95
資料 30：修復的司法	96
資料 31：刑罰の意味づけ	96
資料 32：死刑制度に対する意識（『基本的法制度に関する世論調査』内閣府　平成 26 年度）	97
資料 33：死刑廃止条約（「死刑の廃止を目指す市民的及び政治的権利に関する国際規約の第 2 選択議定書」1989 年国連総会採択）	98
資料 34：日本国憲法	99
資料 35：犬の殺処分数と譲渡数の推移	101
資料 36：動物の愛護及び管理に関する法律（一部抜粋）	104

第 1 章

生命倫理の基本的な考え方

1-1　生命倫理の基本的な考え方

　倫理（ethics）とは、人間の行為を規制するルール、価値観を指す。生命倫理（bioethics）とは、人の生（生まれることから死ぬことまで）に関わる行為やルールが問題になる場面を扱う倫理学の分野である。

　「人の生き死に」が日常的に問題になるのは、医療の場面が多い。たとえば、病気で苦しむ余命幾ばくもない患者の「死なせてほしい」という要求を我々の社会は受け入れてよいだろうか。このような問題に応え、「なぜそう判断するのか」を考えるのが生命倫理である。

　ここでは、生命倫理を学ぶ際の基本的な考え方を紹介する。

1　生命倫理の基本原理

　ビーチャムとチルドレスは医療に関わる専門職の倫理原則として「自律尊重、善行、無危害、正義」の4つを挙げた（『生命医学倫理』、1979年）。医療の場面で倫理的な問題に出会ったとき、どの原理を重視するかで具体的な行動が変わってくる。看護学者のフライは善行と無危害を分けずに、「誠実・忠誠」を加えた「自律尊重、善行・無危害、正義、誠実・忠誠」の4つを看護実践において重要な原則だとした。まず、ビーチャム＝チルドレスの基本原則から紹介する。

自律尊重原理（The Principle of Autonomy）
　自律とは、自分自身の行動方針を自分自身で選択することである。この原理は、患者が自分自身に関わる物事を自由に自己決定できるように配慮することを医療者に要求する。インフォームド・コンセント（p.16）の基本にある「患者の自己決定権の尊重」はこの原理に直接関わっている。治療への同意や拒否、医師の守秘義務など自律的な患者の意思決定に深く関わる原理で

ある。

善行原理（The Principle of Beneficence）

　「相手にとって利益をもたらす行為をなせ」ということである。医療者は患者のために最善を尽くさなければならない。ただし、善行を行う際には次の「無危害原理」も同時に満たしておく必要がある。仁恵原理とも訳される。

無危害原理（The Principle of Non-maleficence）

　無危害原理は「他人に有害なことをしてはならない（do not harm）」ということである。医学研究や治療において、医療者は患者の害になるようなことを避けなければならないということである。

　善行原理とあわせて、パターナリズム（p.15）とも関連が深い。

正義原理（The Principle of Justice）

　正義とは、その人にとって正当な取り分を各人に公平に分配することである。医療行為はどの患者にも平等に、公平に与えられねばならないということである。有限な医療資源（人的であれ、物的であれ）をどのように配分すべきかといったことが問題になる。公正原理とも訳される。

　フライが挙げた原則のうち、ビーチャム＝チルドレスの原則にはないのが「誠実・忠誠」である。

誠実・忠誠（veracity, fidelity）

　誠実であるとは「真実を告げること」「うそをつかないこと」「騙さないこと」である。忠誠とは「守秘義務や約束を守る」という規則の基礎になる患者に対する献身的で忠実な態度を指す。

2 人　　権

　人権とは、人間が人間である限り持つ権利である。人権は、男／女だから、大人／子どもだから、社長／平社員だから、といった何らかの身分や資格によって持ったり持たなかったりするものではない。つまり、ある人が「人間である」という理由だけで持つ権利のすべてを人権と呼ぶ。

　「なぜそうするのが正しいのか？」と学生に尋ねると、「それは人権だからです」という答えが返ってくることがある。しかし、どういった内容の権利がどうして人権として誰にでも与えられなければならないかが問題なのである。「人権だから」で考えを止めてしまうのではなく、どうしてそのことが「人権」として守られなければならないのかまで考えてみよう。

　また、人権は国の法律によってはじめて存在する権利でもない。人権思想は、国の法律が人権を侵害している場合には、法律の方が変更されるべきだという考えを含んでいる。

　現在、日本国憲法などによって基本的人権として広く認められているものとして、次のものがある。

- 精神的自由権（思想・良心の自由、表現の自由）、身体的自由権（不当な刑罰を科せられないこと、拷問・残虐刑などを受けないこと）、経済的自由権（居住・移転の自由、財産権）などの自由権
- 生存権、教育を受ける権利、労働の権利などの社会権
- 参政権や請求権

　その他、環境権や自己決定権などが「新しい人権」と呼ばれるように、何が人権に含まれるべき権利なのかは常に問題なのである。

3　優生学・優生思想

　優生思想とは、劣った遺伝的形質を淘汰し、優れた遺伝的形質を保存することで人類の遺伝的素質を向上させようという考え方である。フランシス・

ゴルトンが1883年に提唱した優生学に由来する。

19世紀末から20世紀にかけて、各国で優生思想に基づいた政策が行われており、日本でも、かつては障害者やハンセン病患者に対する産児制限や強制不妊手術などが合法化されていた。障害者、精神病患者、遺伝病患者、非ゲルマン民族等に対する「慈悲殺」は第2次世界大戦時のナチスドイツの優生政策として最も知られている。

新優生学の考え方

かつての国家的な強制でなく、各人の自己決定権に基づく個人の自由な選択によって優生学的に望ましい状態を作り出そうという立場を、新優生学と呼ぶ。

出生前診断に基づく選択的人工妊娠中絶（p.32）や着床前診断に基づく胚の選別（p.33）を自由化することで、各個人の好みに応じた遺伝的特質をもった子どもが選別される。これが数世代繰り返されると、結果的に劣った遺伝的形質が社会から排除され、優れた遺伝的形質が残ることが期待される。

優生学的な効果が差別を引き起こすという観点から、選択的中絶や胚の選別は望ましくないという批判もある。多くの人が障害児の出生を避ける結果、社会が障害者に対応できなくなり、結果として障害者が排除されることが懸念される。実際、二分脊椎症胎児の選択的中絶を進めていたイギリスでは、この病気に対応できる医師が不足するといった不利益を患者が受けることになった。

4 ケアの倫理

ケアの倫理は、人間の理性ではなくむしろ感情（気持ち、心情）に重点を置き、患者の抱える様々な負の感情が少しでも軽減されるよう「傾聴」や「共感」の態度で接することを基本的な行動の指針とする倫理のあり方をいう。ケアの倫理はとりわけ終末期医療において注目されている。ケア（care）という言葉には、気遣い、配慮、思いやり、世話といった様々な意味が含まれているため、英語のカタカナ表記で用いられるのが通例となっている。

具体的な医療行為として「傾聴」では、たとえば「もうダメなのではないかと思うんです」と弱音を吐く患者を、「そう言わずに頑張りなさい」と安易に励ましたりせず、患者の言葉に耳を傾け、気持ちをそのまま受け止める（気持ちに寄り添う）態度が重要となる。患者の気持ちに寄り添うという点では「共感」も同様である。ただしそれは、相手を「かわいそうだ」と哀れむ同情の態度とは異なり、自分（医療側）も患者と同じ目線に立って接することが必要となる。ただし、「あなたのお気持ちはよくわかります」といった安易な同調は「あなたに私の何がわかるのか！」と、かえって患者の気持ちを落ち込ませることがあることにも注意しなくてはいけない。

　ケアの倫理の提唱者としては、メイヤロフ、ギリガン、ノディングスといった人たちが挙げられる。20世紀において「ケアリング（caring）」に最も早く注目したのはメイヤロフであった。彼は、ケアリングを「徳」（人間が道徳的行為をすることのできる能力）と結び付けて理解した。その後、今の形での「ケアの倫理」を提唱したのはギリガンである。彼女は、男性的な「正義の倫理」に対置する形で、女性的な倫理のあり方を「ケアの倫理」として位置づけた。正義の倫理が「原理」や「合理性」に基づくのに対し、彼女はケアの倫理を人間同士の関係性や感情（特に共感）に基礎を持つものと考えた。その理論はさらにノディングスによって引き継がれ、倫理の普遍性ではなく、人間同士の関係における「受容性・関係性・応答性」が強調された。

■資料1：「安易な励まし」の事例
　柏木哲夫がホスピス医として勤めた時の体験を記した次の文章を参照されたい。
　「医者にとって患者の『もうダメなのではないか』という言葉ほど対応に困る問いかけはない。筆者は思わず『弱音をはかずに頑張るように』と励ました。そして、弱音をはく患者を励ますのは医者の務めであり、良いことをしたと思っていた。しかし患者は励まされてしまって、弱音をはくことができずに、やるせない思いを抱いたという。筆者の励ましは何の役にも立たなかったというよりは、むしろ患者にとってマイナスであった。
　体の衰弱を自分の体で感じ、頑張ろうと思いながら頑張れない状態にある患者を安易に励ますのは良くない。『安易な励まし』は役に立たないだけでなく、害になる場合も多い」（柏木哲夫『死を学ぶ　最期の日々を輝いて』、有斐閣、1995年、p.127）。

生命倫理の基本的な考え方

1-2　インフォームド・コンセント

1　パターナリズムとインフォームド・コンセント

パターナリズムからインフォームド・コンセントへ

「ヒポクラテスの誓い」に現れるように、古来、医療においては、医師が一方的に治療方法を決定するパターナリズムが前提となって治療が進められるのが常であった。しかし近年では、患者の自己決定権を尊重するインフォームド・コンセントの考え方が重視されるようになってきた。ここには、従来のパターナリズムからインフォームド・コンセントへという、医療のあり方の時代的な潮流が見て取られる。

パターナリズム

パターナリズムの考えでは、医師が患者の利益になると判断した治療方法を、場合によっては患者の意思に反する強制を行なってでも、施すのがよいとされる。パターナリズム（paternalism）の語源はラテン語の「父親（pater）」。父親が子を指導するように、医師が患者に対して強い権限を持って治療を進める。

■**資料2：「ヒポクラテスの誓い」**（一部抜粋）
　「私は能力と判断の限り患者に利益すると思う養生法をとり、悪くて有害と知る方法を決してとらない。
　頼まれても死に導くような薬を与えない。それを覚らせることもしない。同様に婦人を流産に導く道具を与えない。……
　いかなる患者の家を訪れるときも、それはただ病者を利益するためであり、あらゆる勝手な戯れや堕落の行いを避ける。女と男、自由人と奴隷の違いを考慮しない。医に関すると否とにかかわらず、他人の生活についての秘密を守る。
　この誓いを守り続ける限り、私は、いつも医術の実施を楽しみつつ生きてすべての人から尊敬されるであろう。もしもこの誓いを破るならば、その反対の運命をたまわりたい」

インフォームド・コンセント

インフォームド・コンセント（IC：informed consent）とは「説明と同意」などと訳され、医療側が患者に対して十分な説明を行い、提示された治療方法に患者が同意をした上で医療行為が進められるべきだという考えである。言い換えれば、患者自身の自己決定の尊重に立って、医療側が患者やその家族に対して十分な説明を行い、患者側が十分に納得し同意をした上で医療行為が進められるべきだということである。

2　インフォームド・コンセントの歴史

医療実験に関するインフォームド・コンセントの意義

インフォームド・コンセントの考え方は、かつてナチス政権下のドイツで行われた非人道的な人体実験に対する反省から生まれた。戦後に出された「ニュルンベルク綱領」（1947年）や「ヘルシンキ宣言」（1964年、以後数回の改訂を経る）の中で、医学実験において被験者の権利が保障されるべきこと

■資料3：ナイチンゲール誓詞
「われはここに集いたる人々の前に厳かに神に誓わん
　わが生涯を清く過ごし、わが任務を忠実に尽くさんことを
　われはすべて毒あるもの、害あるものを絶ち、悪しき薬を用いることなく、また知りつつこれをすすめざるべし
　われはわが力の限り、わが任務の標準を高くせんことを努むべし
　わが任務にあたりて、取り扱える人々の私事のすべて、わが知りえたる一家の内事のすべて、われは人にもらさざるべし
　われは心より医師を助け、わが手に託されたる人々の幸のために身を捧げん」

■資料4：ニュルンベルク綱領（1947年　国際軍事裁判所）（一部抜粋）
「1. 被験者の自発的同意は絶対的本質的なものである。……被験者によって肯定的決断を受ける前に、実験の性格、期間および目的、行われる実験の方法、手段、予期しうる全ての不利と危険、実験に関与することから起こりうる健康や個体への影響などを知らされなければならない」

が示された。また、インフォームド・コンセントという語は、1975年に改訂された「ヘルシンキ宣言」の中で取り入れられた。

医療ミスに関するインフォームド・コンセント

アメリカで起こった医療ミスをめぐる様々な裁判の中で、インフォームド・コンセントという言葉がはじめて使用された（1957年）。

裁判で問題となったのは、自己決定のための十分な情報が患者に与えられなかったという点である。患者の権利意識が高まりつつある状況の中で、患者の自己決定権を尊重するインフォームド・コンセントを取り入れた「患者の権利章典に関する宣言」（1973年）がアメリカ病院協会理事会で承認された。

3　インフォームド・コンセントの再検討

インフォームド・コンセントの重要性と問題点

パターナリズムでは患者の自律性を制限して治療を施すことが正当化される。それに対し、インフォームド・コンセントは医療側からの一方的あるいは強制的な治療を受けることから患者を守るために重要であるといえる。後者では患者の自律性・自発性に基づいて進められるので、本人が納得のいく方法での治療を受けることが可能となる。

そうした積極的意義が見られる反面で、インフォームド・コンセントが医療側の（患者やその家族からの）訴訟回避のために利用される側面もあることも見逃されてはならない。

■**資料5：ヘルシンキ宣言**（1964年）（一部抜粋）
「ヒトを対象とする研究はすべて、それぞれの被験予定者に対して、目的、方法、資金源、起こり得る利害の衝突、研究者の関連組織との関わり、研究に参加することにより期待される利益および起こり得る危険並びに必然的に伴う不快な状態について十分な説明がなされなければならない。対象者はいつでも報復なしに、この研究への参加をとりやめ、参加の同意を撤回する権利を有することを知らされなければならない。対象者がこの情報を理解したことを確認した上で、医師は対象者の自由意思によるインフォームド・コンセントを、望ましくは文書で得なければならない」

患者の自己決定とは？

インフォームド・コンセントが患者本人の意思（自己決定）を尊重することはすでに述べた。しかし、患者の自己決定とはいったい何を意味するのだろうか。それは、どのような治療方法を選択するかを患者が自分の意思で決定できるということを意味する。この決定に基づいて実際の治療が行われることとなる。そこでは、患者が自分で自分の治療方法あるいは治療の拒否を決定できるという自由が確保されるとともに、その決定に対する患者自身の責任が問われることとなる。

大切な告知後のケア

医療側が患者の病状と治療方法を説明するためには、当然専門的な医学の知識が必要となる。しかし他方、患者のほとんどは医学の素人である。どれくらい医療側が専門的な医学用語をわかりやすく噛み砕いて説明できるのか？ そして患者の側がどれくらい医学的な説明を理解できるのか？ そこ

■資料6：患者の権利章典に関する宣言（1973年11月17日　アメリカ病院協会理事会承認）（一部抜粋）
「患者は、何らかの処置や治療を始める前に、インフォームド・コンセントを与えるのに必要な情報を医師から受け取る権利がある。緊急時を除いて、そのようなインフォームド・コンセントのための情報は少なくとも特定の処置や治療、医学上重要なリスクや無能力状態がつづくと予想される期間を含まなければならない。ケアや治療について医学的に見て有意義な代替の方策がある場合、あるいは患者が医学的に他にも方法があるなら教えてほしいといった場合は、患者はそのような情報を受け取る権利を持っている」

■資料7：リスボン宣言（1981年）（一部抜粋）
「医師、患者およびより広い意味での社会との関係は、近年著しく変化してきた。医師は、常に自らの良心に従い、また常に患者の最善の利益のために行動すべきであると同時に、それと同等の努力を患者の自律性と正義を保証するために払わねばならない。以下に掲げる宣言は、医師が是認し推進する患者の主要な権利のいくつかを述べたものである。医師および医療従事者、または医療組織は、この権利を認識し、擁護していくうえで共同の責任を担っている。法律、政府の措置、あるいは他のいかなる行政や慣例であろうとも、患者の権利を否定する場合には、医師はこの権利を保障ないし回復させる適切な手段を講じるべきである」

にはおのずから限界もあるだろう。そのため、医療側と患者の側で、やり取り（説明と同意）のすれ違いが起こることも十分に想定できる。

　高齢化とともに増えつつある認知症の老人を相手としたインフォームド・コンセントはどのくらい十分に成立しうるのかということが、目下の問題として出てきている。インフォームド・コンセントは医療側の説明に対する患者の十分な理解能力や判断能力を前提としている。認知症の場合、病状の進行度にもよるが、コミュニケーション自体が成り立たない恐れもある。ただし、医療側が、認知症の人たちの理解や判断の能力を過小評価して、十分な説明を行う努力を怠ることがあってはならないだろう。

　また、深刻な問題として、末期がんのように患者の人生を大きく左右する疾病の告知がある。インフォームド・コンセントに基づけば、患者の病状について十分な情報を与える必要があるので、医療側は「あなたは余命何カ月（何年）です」とさらりと教えることになる。しかし、その告知が患者（および家族）に非常なショックを与える可能性は高いと考えられる。

　患者に事実を伝えることは当然だが、それを、いつどのように伝えるか、伝えた後に患者・家族が受けるショックをどう緩和するかが大切だ。1回切りの告知ではなく、日々変化する病状や治療に即して細やかで適切な告知後のケアを行うことが医療者には求められる。厚労省は、医師が患者に重大な病名や病状を伝える際の研修を行い、また、がん専門看護師による告知後のケアに対して診療報酬をつける等の対策を行っている。

インフォームド・アセント

　米国小児科学会によるアセントの定義では、臨床試験において「未成年者が研究対象者として参加する場合、未成年者が与える積極的な合意。ただし、コンセントとは同格のものではない」とされている。

　インフォームド・アセント（informed assent）とは法的規制を受けない、小児患者への説明及び同意取得のことだが、臨床試験だけでなく一般診療の現場でも子どもの理解力に応じた説明と同意が必要である。

セカンドオピニオン

　セカンドオピニオンとは、現在かかっている医師とは別の専門医の意見を聞くこと。最初の担当医の診断内容や勧められた治療法——つまり、ファーストオピニオンを元に、二人目の医師に専門的な意見を聞くので「セカンドオピニオン」と呼ばれる。命にかかわる決断を迫られるがん医療などでは、よく利用される制度である。セカンドオピニオン医師は診察や検査はしない。あくまでも患者が持参したデータに基づいた相談のみだ。従って、画像や血液検査などのデータと「診療情報提供書」という担当医からの紹介状が必要になる。保険診療ではないので全額自己負担で、1時間1～3万円くらいが相場。相談後、医師に書いてもらった見解を持ち帰り、改めて担当医と一緒に治療方針などを検討して、最終的には患者自身が決定する……というのがセカンドオピニオンの正式な流れと言える。

　日本の医療は、標準治療のガイドラインが決まっているため、セカンドオピニオンがファーストオピニオンと同じ場合ということも多いが、病院によって得手不得手の分野がある。また、がんセンターや国指定の「がん診療連携拠点病院」では、ほかの病院にはない未承認の治療が、臨床試験として行われていることもある。セカンドオピニオンの相談は、病院の相談支援部門で受け付ける。

第 2 章

いのちの始まり

2-1　生殖補助医療

　生殖補助医療（ART：Assisted Reproductive Technology）とは、自然な性交によらず精子と卵子を受精させて妊娠に導く医療技術のことである。高度生殖医療、特定生殖補助医療ともいう。
　主な方法として人工授精、体外受精があり、これに、配偶子（精子・卵子）や胚（受精卵）の提供、代理出産が組み合わさる。
　元来は不妊治療の一環として開発されてきた技術だが、こうした技術の利用を望む人は不妊の夫婦に限られない。どのような人にどんな技術の利用を認めるべきなのか、そしてそれはなぜなのか、考えてみよう。

1　生殖補助医療の基本技術

人工授精

　人工授精（Artificial Insemination）とは、女性の排卵期にあわせて、採取された男性の精液を直接、子宮内に送り込む方法である。人工授精は誰の精子を用いるかで区別される。

- 配偶者間人工授精（AIH：Artificial Insemination by Husband）：注入する精子が夫のもの。夫の精子数が少ない場合などに使用
- 非配偶者間人工授精（AID：Artificial Insemination by Donor）：夫の無精子症などのために、夫以外の第三者（ドナー）が提供した精子を使用する方法。

　日本には人工授精の利用や規制についての法律はなく、日本産婦人科学会（日産婦）の指針によっていわば自主規制の下で行われている。現在、1万

人以上がAIDで生まれていると推定されている。

　日産婦の指針ではAIDは法的夫婦にのみ実施され、提供精子は非営利の匿名ドナーのものに限られている。匿名の精子提供であれば生まれた子は民法の規定に従って夫の子と推定されるが、仮に子がドナー（遺伝上の親）を特定した場合や、匿名性のない私的な提供精子の利用によって生まれた場合には、子やドナーの法的地位が不安定になる。そのため、AIDの利用者と子の親子関係を明確にする法律を作る動きがある。

体外受精

　体外受精（IVF：In Vitro Fertilization）とは、通常は体内で行われる受精を、試験管やシャーレ、顕微鏡下などの体外で行う方法である。妻が卵子は作れるが卵管が詰まっていて妊娠できない場合や、夫の精子数が少ないなどの男性不妊症の場合に用いられる。

　体外受精の代表的な方法として、妻から排卵直前の成熟卵を取り出し、培養液の中で受精。胚の段階まで培養し、子宮内に移植する「体外受精—胚移植（IVF-ET）」や、顕微鏡下で精子を卵子に針で直接注入する「顕微受精（ICSI）」がある。

　2013年には出生数102万9,816人のうち4万554人が体外受精で生まれている。実に新生児のおよそ24人に1人が体外受精で生まれており、その割合はさらに高まる傾向にある。

　日本では日産婦の指針により、基本的に非配偶者間の体外受精（配偶子提供）は行われていない（使用する精子・卵子は夫婦のものに限られる）。しかし、法律による規制があるわけではなく、近年、非匿名での卵子提供を公的に認めさせようという動きがある。

　また、体外受精のために作成した胚を遺伝子検査することで、妊娠の確率を高める技術（p.33）があるが、日本では重度の遺伝病による習慣流産の場合など一部の症例を除き実施されていない。

代理出産

　代理出産（代理母出産、代理懐胎）とは、子宮摘出などによって妊娠でき

ない場合に、第三者の女性（代理母）に依頼して妊娠・出産してもらう方法である。代理母が妊娠する方法によって次の2つに分けられる。

- **人工授精型代理出産（サロゲートマザー）**：依頼者夫の精子を用いて代理母に人工授精をする形態。卵巣・子宮摘出などによって妻が妊娠できない場合に行う。生まれた子は代理母と遺伝的親子関係がある。
- **体外受精型代理出産（ホストマザー、借り腹）**：体外受精によって作成した胚を代理母の子宮に移植する形態。夫婦の精子・卵子は使えるが、子宮摘出などで妻が妊娠できない場合に行う。生まれた子と代理母には遺伝的つながりはない。

代理出産を可能にするには、親子関係をどのように規定するか、子の引き渡し拒否・受け取り拒否などのトラブルに備えて生まれる子をどのように扱うか等のルールの明確化が必要である。

日本では代理出産を規制する法律はないが、分娩の事実を母子の親子関係の根拠とする法的慣習がある。これにより、日本国内で代理出産を実施した場合には、養子縁組・特別養子縁組を用いない限り、生まれる子と依頼者夫婦に親子関係が認められない。生まれる子の地位が不安定であるため、代理出産は医師の自主規制により、ごく一部を除き行われていない。日産婦は代理出産の禁止の見解を示しており、2008年の日本学術会議の報告書では原則禁止・一部容認が提案されている。

しかし、海外での実施に対しては国内法では規制できないので、海外での代理出産をあっせんしている業者が多数存在する（配偶子提供、着床前診断も同様）。海外での代理出産の場合、生まれた子の出生届が日本国内で受理されない場合がある。

アメリカの一部州では外国人でも代理出産（営利）が明確に利用可能であるが、費用が高額である（p.26）。そのため、あっせん業者はインドなど東南アジアでの比較的安価な代理出産を勧めてきた。しかし、タイやインドでは2015年より外国人による代理出産の利用が禁止された。

いのちの始まり

配偶子提供、胚提供

　生殖医療に使用する配偶子（精子や卵子）あるいは胚（受精卵）について、生殖医療を利用する夫婦（配偶者間）由来のものでなく、夫婦以外の第三者からの提供によって得られたものを使用することがある。

　提供には匿名提供／非匿名での提供、無償提供／有償提供、近縁者による提供／赤の他人による提供などが考えられる。第三者からの提供を認めると、誰を親子と見なすのかという親子関係の複雑化の問題や、提供によって生まれた子に自らの「出自を知る権利」（p.27）を認めるべきかという問題が指摘される。

　体外受精においては複数回の実施に備えて胚を多めに作成するが、使用の予定がなくなった余剰胚ができる場合がある。こうした余剰胚は廃棄されるほか、実験にも用いられる（p.46）。この余剰胚を利用を望む者に提供し、移植すれば妊娠出産することが技術的には可能である。

　提供についても日本では規制する法律はない。日産婦はAIDのための精子提供は匿名・非営利のみ認めている。近年、体外受精のために民間団体による卵子提供も試みられている。

■資料8：生殖医療の応用と親子関係

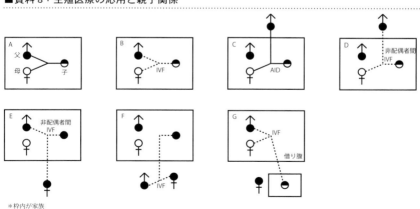

＊枠内が家族

　A：夫婦間の自然妊娠、B：夫婦間の体外受精、C：非配偶者間の人工授精、D：精子提供者による非配偶者間の体外受精、E：卵子提供による非配偶者間の体外受精、F：embryo donation（胚の提供）、G：借り腹（子宮を借りる）

（『生殖医療のすべて』、堤　治、丸善株式会社より）

2 　生殖補助医療の論点

胚、配偶子、卵巣の凍結保存

　人工授精や体外受精に使用する配偶子（精子、卵子）や、体外受精によって作成した胚（受精卵）を保存する技術として凍結保存がある。

　胚凍結の技術は確立されている。卵子の採取には侵襲（健康上の害）が伴うため、体外受精の際には多数の胚を作成して凍結保存しておくことで、複数回の胚移植に備えることができる。配偶子をあらかじめ凍結保存しておけば、ARTを利用する都度に精子や卵子を採取する必要がなくなる。精子凍結に比べて卵子凍結は技術的に難しいとされる。

　卵子凍結に比べて技術的に容易な卵巣凍結という技術もある。これはがん治療などで妊娠能力を失うことを防ぐため、治療の前に予め卵巣を摘出・凍結保存し、治療後に自家移植するといった利用法が考えられる。

　凍結保存に関して死後生殖の問題がある。たとえば、凍結保存しておいた夫の精子を夫の死の10年後に解凍して、妻が人工授精に利用し子をもうけたとする。その子は法律上も夫の子とすべきだろうか。相続権など子としての権利を認められるべきだろうか。

営利か非営利か

　配偶子の提供や代理出産に対して、対価を与えるべきかどうかという問題がある。日本では日産婦がAIDに用いる精子は非営利のドナーのものしか認めていない。アメリカでは著名人の精子や卵子がオークションで取引されているという。代理出産についても、アメリカでは代理母は数百万円から数千万円の謝金を受け取ることが普通であるが、オーストラリアでは無償ボランティアの代理母による代理出産のみが合法である。

　卵子の採取や代理出産は、それぞれ程度が異なるが女性の拘束時間が長く危険も伴うため補償が必要ではないかという意見もある。

出自を知る権利

　匿名ドナーの提供配偶子によって生まれた子どもは、自分の遺伝上の親について何も知ることができない。自分の生まれや親について知ることは精神の発達上とても重要だと言われている。そこで、配偶子提供を利用したARTで生まれる子どもに対して、自身の遺伝上の親の情報にアクセスする権利、出自を知る権利を与えるべきだという主張がある。イギリスやスイスなどではこの権利が保障されており、日本でも認めるべきだという議論があるが、法制化されていない。

　出自を知る権利を認めれば匿名ドナーからの配偶子提供はできなくなる。また、子がアクセスできる遺伝上の親の情報を、病歴や血液型、人種など個人を特定できない情報に留めるのか、氏名や住所など個人を特定できる情報までひろげるのかという問題がある。

　さらに、すでに匿名ドナーから生まれた子に対して出自を知る権利を認めるべきかという問題もある。匿名ドナーの多くは個人特定されることを望まないので、この場合には出自を知る権利はドナーのプライバシー権と対立する。

　フランスには、事情のある女性が身元を隠したまま安全に病院で出産できる「匿名出産」という制度がある。生まれた子どもは即座に保護され、母親不明のまま施設に預けられる。ここでは、匿名性によって母子の生命の安全が守られている。もし、匿名出産で生まれる子どもに出自を知る権利を与えれば、ARTで生まれる子どもとの間に不平等が生じることになる。そうした子どもの権利上の平等性を保障する観点からもフランスでは、子どもが自分の出自を知る権利が認められていない。

　ドイツの「赤ちゃんポスト」や日本の「こうのとりのゆりかご」（熊本市の慈恵病院）は、子どもを育てられない事情をもつ親が匿名で子どもを預けるシステムである。どちらの仕組みも、匿名でなければ助けられない命を助けるという匿名出産と同様の考えに基づいている。

　出自を知る権利は、「何でも自由にしよう」という立場の人でも「誰のどういう権利を優先すべきなのか」という点で意見が分かれる論点である。

ARTの利用者

日本ではARTを利用できるのは、日産婦の自己規制により不妊の夫婦に限られている。しかし、未婚のカップルや同性愛のカップル、不妊ではないがシングルで子どもを産みたい女性もARTの利用を望むこともある。

卵子提供と代理出産を組み合わせれば、シングルの男性が一人で子どもを作ることも技術的には可能である。同性婚が合法であるアメリカでは、卵子提供と代理出産を利用して法律上の子どもをもうけた男性同士の夫婦もいる。親子観や家族観も関わってくる問題であるが、どの技術を誰に認めるべきなのかを考えてみよう。

COLUMN-1　トリアージ〈Triage〉

　大震災・無差別テロなどの大規模な災害時による被災者救援の優先順位づけ。もとは〈選別〉というフランス語。戦闘・大災害・事故などで一時に多数の救助・支援を必要とするよう事態が生じ、しかも通常の救急医療体制では対応できなくなった場合、負傷者・被災者に対して誰をどの順序でどのように対応するのか、とくに搬送・治療の優先順位の決定を迫られることがある。その優先順位の決定基準の問題などが「トリアージ」と言われる。阪神・淡路大震災、福知山線脱線事故、秋葉原無差別殺傷事件などをきっかけに我が国でも問題になってきた。

　トリアージは4レベルに分類して色分けされている。被災者に「赤」「黄」「緑」「黒」のラベルをつけ、救護スタッフの誰にでも判別可能な状態にする。すでに死亡している人や救命不可能な状態には「黒」。ただちに救命措置をすれば助かる「赤」。少しくらい治療を遅らせても命に別状ない人には「黄」。緊急処置が必要ない人には「緑」の札をつける。トリアージの特別な訓練を受けた医療者が判別にはたずさわる。救命率を高め、医療資源の合理的な配分をするための手段であるが、救命にはっきり優先順位をつけることに抵抗を感じる当事者や医療者もいる。「緑」の札に不満で「早く診てくれ」とクレームをつける被災者もいれば、もう手当てをしても助からない4のレベルと判定された被災者の家族や友人は、あまりに合理的な判断と色分けに、「冷たい」「どうして放っておくのだ」と怒りや絶望感にとらわれることもあり、日本ではまだ市民的な理解を得られていないのが現状だ。

2-2　いのちの選別

　生殖にかかわる技術には子どもをもうけるための技術だけでなく、生まれる前に子ども（胎児や胚）の情報を知る技術がある。こうした技術は、胎児の病気・異常の早期発見や治療に役立てることもできるが、人工妊娠や中絶や胚の廃棄による「いのちの選別」の判断材料として利用されることも多い。

　生殖補助医療と同様、多くの人がこうした技術を利用したいと考えている。いのちの選別を可能にする技術を我々の社会はどう受け止めるべきだろうか。

1　出生前診断

　出生前診断とは、異常の有無の判定や性別など、胎児についての様々な情報を知るために胎児が生まれる前に様々な検査によって診断すること。胎児診断ともいう。代表的な出生前検査を以下に列挙する。

超音波検査

　超音波検査装置により画像を得て診断する。エコー、超音波スキャン、画像診断ともいう。四肢障害、中枢神経系障害(無脳症など)、胎児水腫、消化管閉鎖、心臓欠陥、腎無形成や尿路閉塞、臍帯の異常などがわかる。母体や胎児への影響はないとされる。

　超音波検査装置の性能向上により、胎児の障害がこの検査により判明する頻度は高くなっており、頭部浮腫（NT）の画像診断と母体血清マーカーとの組み合わせによって、ダウン症などの染色体異常はかなりの高精度で診断できるようになっている。

　超音波検査は胎児心音測定と並んで、現在では妊婦のほぼ全員が受ける検査であるが、通常の妊婦健診で異常が発見され、妊婦が知りたくなかった異常をインフォームド・コンセントなしに偶発的に知ってしまう可能性がある。

母体血清マーカー検査

妊娠16週前後の母体から採取した血液の成分物質を調べる検査。3種類の物質を調べる検査をトリプルマーカーテスト、4種類で行う検査をクワトロマーカーテストという。染色体異常（ダウン症など）や神経管閉鎖不全症の可能性を調べる。異常値の場合、羊水診断の適応となる。

母体血清マーカー検査は母体や胎児への危険性が低いが、異常の確率を間接的に調べるだけなので、確定診断とはならない。異常値が出た場合は、より精度の高い羊水検査（母体、胎児への危険性も高まる）などでの確定診断が必要となる。

新型出生前診断

無侵襲的出生前遺伝学的検査（NIPT）、母体血胎児染色体検査ともいう。妊婦の血液を採取して、母体血液中に含まれる胎児の遺伝子（DNA断片）を解析し、3種の染色体異常（13、18、21トリソミー）の有無を調べる検査である。妊娠10週から検査でき、流産の危険がない。陰性の場合は非常に高精度だが、陽性の場合は羊水検査などでの確定診断が必要となる。上記3つの染色体異常以外の検査も技術的には可能だが現在は行われていない。

日本では、日本産科婦人科学会（日産婦）の指針に基づき、2013年4月から臨床研究として始まり、出産時35歳以上の高齢妊娠や染色体異常の子どもの妊娠歴がある女性らを対象に行われてきた。2017年までに5万人を超える妊婦がこの検査を受け、うち陽性が確定した約700名のうち約97％もの妊婦が中絶を選択したという。2018年3月に日産婦は、これまで臨床研究に限定してきた新型出生前診断を、一般診療として認めることを決定した。受診を希望する妊婦が多いことがその理由としてあげられている。

羊水検査

羊水に含まれる胎児由来の細胞片などの染色体や遺伝子を検査して、染色体異常、遺伝子異常、一部の先天性代謝異常を調べる検査。200〜300分の1の確率で流産の危険を伴うため、前出の母体血清マーカー検査やNIPTなど確率的にしか異常がわからない診断結果を確定させる確定診断のために

行われる。

　日本には出生前診断を規制する法律はなく、産婦人科医の自主規制の下で行われている。超音波検査（エコー）を除けば積極的に行われていないが、2013年の比較的安価で高精度なNIPTの登場により、染色体異常の診断がより身近になった。染色体異常や遺伝子異常は治療が難しい。中絶が禁止されている南米などではダウン症などの染色体異常の治療研究は盛んだが、日本では選択的中絶（p.32）につながる可能性が高い。

2　人工妊娠中絶と選択的人工妊娠中絶

人工妊娠中絶

　人工妊娠中絶（以下、中絶）とは、人為的な操作を用いて妊娠を終わらせ胎児を死なせることである。日本では刑法で禁止されているが、母体保護法（旧優生保護法）の条件下で22週目までは合法となっている。

　中絶が合法となる場合（資料9）：
　・犯罪による妊娠の場合
　・妊娠出産が母体の健康を著しく害する場合
　　　健康を害する理由：身体的理由
　　　　　　　　　　　　経済的理由

■資料9：母体保護法（旧優生保護法、1996年6月26日改正）（一部抜粋）
　「第2条2　この法律で人工妊娠中絶とは、胎児が、母体外において、生命を保続することのできない時期に、人工的に、胎児およびその付属物を母体外に排出することをいう。
第14条1　都道府県の区域を単位として認定された社団法人たる医師会の指定する医師（以下「指定医師」という。）は、次の各号の一に該当する者に対して、本人及び配偶者の同意を得て、人工妊娠中絶を行うことができる。
　1　妊娠の継続又は分娩が身体的又は経済的理由により母体の健康を著しく害するおそれのあるもの
　2　暴行若しくは脅迫によって又は抵抗若しくは拒絶することができない間に姦淫されて妊娠したもの」

2018年のデータによれば中絶の実施件数は16万1,741件（出生数91万8,400人）であり、出生数の減少とともに中絶も減少傾向にある。ちなみに中絶実施率（女子人口千対）も減少傾向にあり、近年のピークである2001年の11.8‰（実施件数341,588件）から2018年には6.4‰と半減している。

日本では犯罪による妊娠や医学的に妊娠出産が難しいケースだけでなく、経済的理由による中絶も可能となっている。しかし、日本では妊娠出産に対する手当などが手厚く、経済的理由に該当するケースは多くない。従って、単に産みたくないケースや後述の出生前診断の結果を理由にした中絶を含む多くの中絶が経済的理由による中絶として違法に行われていると考えられる。

選択的人工妊娠中絶

選択的人工妊娠中絶（以下、選択的中絶）とは、病気や障害など胎児の異常を理由に行う中絶である。

日本の法律では前述のとおり、胎児の異常や性別は中絶の条件に含まれていないため、出生前診断の結果に基づいた選択的中絶や男女の産み分けは許されていない。それゆえ、中絶の判断材料として出生前診断の結果を利用したい場合、法律に胎児の異常を理由とした中絶を許可する「胎児条項」を加えて、選択的中絶を合法化する必要がある。

胎児の状態次第で産むか産まないかを選択することは、産む側の好み次第で望ましい命と望ましくない命を選別することになる。それゆえ、出生前診断の利用と選択的中絶の自由化は優生思想(p.12)につながると問題視される。

■**資料10：刑法**（一部抜粋）

「第212条［堕胎］　妊娠中の女子が薬物を用い、またはその他の方法により、堕胎したときは、1年以下の懲役に処する。
第213条［同意堕胎及び同致死傷］　女子の嘱託を受け、またはその承諾を受けて堕胎させた者は、2年以下の懲役に処する。よって女子を死傷させた者は、3月以上5年以下の懲役に処する。
第214条［業務上堕胎及び同致死傷］　医師、助産師、薬剤師または医薬品販売業者が女子の嘱託を受け、またはその承諾を得て堕胎させたときは、3月以上5年以下の懲役に処する。よって女子を死傷させた者は、6月以上7年以下の懲役に処する。
第215条［不同意堕胎］　女子の承諾を受けないで、またはその承諾を得ないで堕胎させた者は、6月以上7年以下の懲役に処する。前項の罪の未遂は、罰する」

3 体外受精と着床前診断

体外受精と着床前診断

　着床前診断（受精卵診断）とは、体外受精を行って胚（受精卵）を子宮に戻す前に、4～8細胞期の胚の1つの細胞から核を取り出し、DNAを増幅して遺伝子診断する方法である。遺伝病や染色体異常、男女の性別などがわかる。この時期の胚は再生能力が高い上に、染色体や遺伝子の異常を着床前に発見することができるので、胎児・母体ともに影響がない。

　染色体異常のない胚を母体に移植すれば、妊娠の確率を高めることができる。移植に使用しない胚は廃棄されるか、実験材料として利用されることになる（p.46）。使用する胚の選択もまた命の選別を行うことであるが、胚の廃棄は選択的中絶よりも心理的・身体的負担なく行うことができる。

　日本では、着床前診断を規制する法律はないが、日本産婦人科学会の自主規制により重篤な遺伝疾患による習慣流産などの場合にのみ行われている。国内では、胎児を選別する目的では事実上利用できないため、代理出産や配偶子提供と同様に海外での体外受精と着床前診断をあっせんしている業者も存在している。

■資料 11：着床前診断

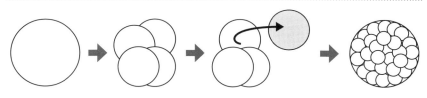

受精卵（受精直後）　→　4～8細胞期まで分裂　→　細胞を1～2個取り出し遺伝子診断する　→　残りの細胞は分裂を続ける。検査の結果、正常な胚を子宮に移植する

4　デザイナー・ベビー

　デザイナー・ベビーとは、受精卵の段階で、親によって遺伝的特徴を選ばれた子どものことである。

　着床前診断の技術は、現在は性別を調べたり遺伝子や染色体の異常を発見するために用いられているが、遺伝子検査の精度が上がれば、親の好みに近い遺伝子を持った子どもを選び出すことが技術的に可能になる。すでに将来起こる病気や薄毛のリスクにとどまらず、運動や芸術、知能の素質などがある程度わかるようになっている。しかし、素質の発現には遺伝子以外の様々な要因がある。遺伝子の解析が進めば、さらに多くのことがわかるようになるだろう。

　さらに、遺伝子を改変する技術を初期の胚に用いることができれば、遺伝病の治療ができるようになるとともに、親にとって不必要な素質を排除するだけでなく、親の好みに合った遺伝的素質を子どもに付け加えることがきるかもしれない。

　このような子どもを遺伝子的にデザインするという発想に対しては、優生思想（p.12）に近いという批判だけでなく、子どもを親の手段として扱うことに対しての批判がある。

第 3 章

いのちのひろがり

3-1　臓器移植

　臓器移植とは、病気等で失われた臓器の機能を代替するために、第三者による臓器の提供を受け、失われた機能を補うか置換する治療法である。

　日本では、1997年に「臓器の移植に関する法律」(2009年に改正)が施行され、脳死体からの臓器移植が可能になった。ここでは主に脳死臓器移植制度の問題について考えよう。

1　脳死と臓器移植

　臓器を提供するものを「ドナー」といい、臓器提供を受けるものを「レシピエント」と呼ぶ。ドナーが生きている者(生体)か死んでいる者(死体)かによって、臓器移植は生体移植と死体移植に大きく分けられる。さらに死体移植は、人の死をどう定義するかによって心臓死移植と脳死移植に分けられる。

生体からの臓器移植

　生体ドナーから臓器提供を受ける移植を生体移植(生体臓器移植)という。生体移植で移植可能な主な臓器は、腎臓、肝臓、肺、膵臓、小腸である。

　生体移植では、心臓など摘出が致命的な臓器は提供できず、腎臓でも提供できるのは一方のみである。生体ドナーは残った臓器で生命は維持できるが、健康へのリスクがあるため摘出できる臓器片の大きさに限界がある。また、健康なドナーにメスを入れる医療であることから、ドナーに侵襲があるとされ、盛んに行われている一方で推奨はされていない。

　日本では、トラブルの予防のため生体ドナーは親族(6親等内の血族と3親等内の姻族)に限るのが原則とされている。

死体からの臓器移植

死体ドナーから臓器提供を受ける移植を、死体移植（死体臓器移植）という。死体移植ではドナーの生命・健康への配慮の必要がないが、「何をもって人の死とするか」という「人の死」の定義次第で利用できる臓器の種類に違いがでてくる。

心臓死体からの臓器移植

我々になじみ深い「人の死」の定義として、心臓が機能停止して再び回復しない「心臓死」がある。心臓死は3徴候死とも呼ばれ、呼吸停止、心臓停止、瞳孔散大の3徴候を判断基準としている。伝統的に心臓死が人の死の定義として用いられていたため、心臓死ドナーからの移植を単に死体移植と呼ぶことも多い。

心臓死移植で使用できる主な臓器は、腎臓、膵臓、眼球（角膜）である。心停止後、体内の血流が止まってしまうため、多くの臓器は機能しなくなり、利用できる臓器の種類に限りがある。

脳死体からの臓器移植

通常、脳の機能が失われると直ちに自発呼吸が失われ心臓が停止するが、人工呼吸器などの生命維持装置の進歩により、脳機能の停止後も心臓と呼吸

■資料12：生体臓器移植の扱い

日本移植学会倫理指針
　[1]死体臓器移植　臓器移植の望ましい形態は、死体からの移植である。臓器の提供は、原則として社会全体に対するものであり、適正に活用されなければならない。
　[2]生体臓器移植　健常であるドナーに侵襲を及ぼすような医療行為は本来望ましくないと考える。とくに、臓器の摘出によって、生体の機能に著しい影響を与える危険性が高い場合には、これを避けるべきである。

「臓器の移植に関する法律」の運用に関する指針（ガイドライン）
　第13　生体からの臓器移植の取扱いに関する事項
　生体からの臓器移植は、健常な提供者に侵襲を及ぼすことから、やむを得ない場合に例外として実施されるものであること。

を維持できるようになった。この「全脳の機能が不可逆的に停止した状態」を脳死状態という。

　全脳とは、脳幹（自発呼吸、血圧維持など生命維持に必要な機能の中枢）、大脳（知能、判断、感情など人間の精神的な作用を司る）、小脳（運動機能などを司る）のすべてを含む。日本を含め、ほとんどの国がこの全脳死を脳死と定義している。脳幹機能が失われず大脳機能のみが失われている大脳死（いわゆる植物状態）は、自発呼吸が残っていることが多く、回復の可能性があるため脳死と区別される。実際、大脳死を脳死とみなしている国はない。

　脳死体は全脳機能が失われているものの心臓は動いているので、新鮮な臓器を必要とする臓器移植にとって魅力的である。しかし、心臓死のみを人の死とする社会では、脳死者は生きた人であり、心臓などの致命的な臓器の摘出は殺人を意味することになる。そこで、脳死を「人の死」の定義として採用することで、ドナーへの侵襲の恐れなく心臓を含む多くの新鮮な臓器を移植医療に使用することが可能となる。

　日本では、1997年の「臓器の移植に関する法律」（以下、臓器移植法）の成立により、臓器移植を前提とする場合には脳死が人の死として採用されるようになった。現在、臓器移植法に基づいて脳死ドナーの提供によって移植できる臓器は、心臓、肺、肝臓、腎臓、膵臓、小腸、眼球（角膜）である。

　我々の社会はすでに脳死を人の死の定義として採用し、世論調査でもおよそ半数の人が「脳死をもって死とする」ことに賛成しているが、人のどのような状態を「生きている（死んでいる）状態」とみなすかについては現在でも様々な意見がある。

■**資料13：脳死判定基準と除外例**
　法的脳死判定の項目には、①深昏睡、②瞳孔散大と固定、③脳幹反射（対光反射、角膜反射、毛様脊髄反射、眼球頭反射、前庭反射、咽頭反射、咳反射）の消失、④平坦脳波、⑤自発呼吸消失、⑥6歳以上では6時間以上、6歳未満では24時間以上経過した後の同じ一連の検査（2回目）がある。
　更に、以下のような状況では法的脳死判定から除外される。①脳死と類似した状態になりうる症例（急性薬物中毒、代謝・内分泌障害）、②知的障害者等の有効な意思表示が困難となる障害を有する者、③被虐待児または虐待が疑われる18歳未満の児童、④年齢不相応の血圧、⑤低体温、⑥生後12週未満

2 臓器移植の現状

臓器提供者数

　日本に限らず、どの国でも臓器移植に必要な臓器は不足している。これは、臓器移植を希望するレシピエントに対して、臓器を提供するドナーの数が少ないということである。

　そもそも脳死自体がまれな現象である。毎年およそ120万人が事故や病気で亡くなっているが、脳死とされうる状態になるのは全死亡者の1％弱と推定されている。そのうち法的脳死判定を受け提供に至るのは、臓器提供を書面で承諾しているか拒否していない人で、かつ遺族が提供に同意している場合に限られる。それゆえ、2018年12月までの脳死ドナーの数は565人にとどまっている。それに対し、臓器提供希望者数は以下の通りである。

	心臓	肺	肝臓	腎臓	膵臓	小腸
現登録者数（人）	898	446	349	13,163	198	6
内、心肺同時	6	6	-	-	-	-
内、肝腎同時	-	-	39	39	-	-
内、肝小腸同時	-	-	0	-	-	0
内、膵腎同時	-	-	-	158	158	-

移植希望登録者数（2020年12月現在）
（日本臓器移植ネットワーク https://www.jotnw.or.jp/data/）

■資料14：死後または心臓が停止した死後の移植件数

	1997	1998	1999	2000	2001	2002	2003	2004	2005	2006	2007	2008	2009	2010	2011	2012	2013	2014	2015	2016	2017	2018	2019	合計
心臓	0	0	3	3	6	5	0	5	7	10	11	6	23	31	28	37	37	44	51	56	55	84	317
心肺同時	-	-	-	-	0	0	0	0	0	0	0	1	0	0	0	0	0	1	0	1	0	0	0	3
肺	-	0	0	3	6	4	2	4	5	6	9	4	25	37	33	40	41	45	49	56	58	79	332
肝臓	0	0	2	6	6	7	2	3	4	10	13	7	30	41	40	38	43	55	54	62	57	82	366
肝腎同時	-	-	-	-	-	-	-	-	-	-	-	-	-	-	0	1	2	2	3	7	3	6	9
膵臓	-	-	0	0	0	1	1	0	1	3	4	4	0	2	6	9	5	4	5	8	3	3	52
膵腎同時	-	-	0	1(1)	6(5)	2(2)	1(1)	5(4)	5(5)	8(8)	6(7)	7(7)	23(23)	29(29)	18(18)	24(24)	24(24)	32(31)	33(33)	35(35)	31	46	232(229)
腎臓	159	149	158(8)	145(6)	141(11)	122(8)	135(5)	168(11)	155(11)	189(17)	179(16)	182(20)	186(39)	172(57)	174(76)	130(63)	101(59)	133(71)	141(80)	148(91)	148(93)	178(124)	3,137(527)
小腸	-	-	-	0	1	0	0	0	0	2	1	1	4	3	0	1	0	0	1	0	3	2	14
計	159	149	163(13)	158(19)	170(35)	141(27)	141(9)	185(18)	177(33)	219(38)	222(59)	253(69)	213(38)	293(146)	329(204)	303(187)	281(214)	253(211)	315(252)	338(277)	380(315)	358(303)	480(426)	4,462(1,849)

＊カッコ内の数字は、合計数のうち脳死後の移植件数。（「日本の移植事情」公益社団法人日本臓器移植ネットワーク、2020年）

各国の移植制度　～オプト・インとオプト・アウト

　臓器摘出の条件について各国の制度を見てみよう。基本的に2つの方式がある。

　ひとつは「オプト・イン」（承諾意思表示方式、オプティング・イン）で、これは臓器摘出の条件として、本人や家族等のドナー側の臓器提供の意思表示を必要とする方式である。アメリカ、台湾、ドイツ、スウェーデン、デンマーク、オーストラリア、日本などが採用している。オプト・インを採る多くの国では、ドナー本人の意思表示がない場合、遺族の同意があれば摘出が可能な場合が多い。本人であれ家族であれ、あるいは本人と家族の同意であれ、「提供の意思表示（承諾）がなければ、臓器を利用することができない」ということがポイントである。

　もうひとつは、「オプト・アウト」（反対意思表示方式、オプティング・アウト）で、これは臓器提供を拒否する意思をドナー側が示していなければ、臓器を摘出してもよいとする方式である（ノンドナー制、沈黙の同意ともいう）。フランス、ベルギー、ギリシャ、ルクセンブルク、スペイン、オーストリア、ポルトガルなどヨーロッパに多いが、アジアでもシンガポールが採用している。拒否権を誰に認めるかという問題があるが、ともかく「提供への意思表示（承諾）がなくても、臓器を利用することができる」ということがオプト・アウトのポイントである。

日本の移植制度

　日本はオプト・インを採用している。次の2つの場合で死体ドナーからの臓器の摘出が可能である。

　日本における臓器摘出の条件
　①ドナー本人が書面での提供の意思表示をしており、書面によるドナー家族の同意（≒承諾）がある場合。
　②本人の書面での意思表示（承諾か反対か）がなく、書面による家族の承諾がある場合。

ドナー側（本人、家族）の承諾・同意がなければ臓器摘出できないので、オプト・インである。日本のオプト・インの特徴は、本人の承諾がある場合にもさらに家族の同意を必要とする点にある。オプト・インを採用しているほとんどの国、たとえばアメリカでは、本人の意思表示がない場合（②）は日本と同じであるが、本人の意思表示がある場合（①）では家族の同意を制度上必要としない。

また、日本の制度では親族（配偶者、子及び父母）への優先提供の意思表示が書面により可能である。

小児の臓器移植

小児の脳死臓器移植の実施件数は非常に少ない。小児の心臓移植には大人の心臓が使えないため、小児の脳死ドナーが必要である。しかし、1997〜2009年の臓器移植法の条件は上記の①の条件のみであったため、ドナーの意思表示能力が必須条件であり、小児は脳死ドナーになれなかった。そのため、心臓移植が必要な小児は「○○ちゃん募金」といった形で募金を集めて、

■資料15：臓器移植に関する法律（最終改正：平成21年7月17日）（一部抜粋）

「第2条（基本的理念）4　移植術を必要とする者に係る移植術を受ける機会は、公平に与えられるよう配慮されなければならない。

第6条（臓器の摘出）1　医師は、次の各号のいずれかに該当する場合には、移植術に使用されるための臓器を、死体（脳死した者の身体を含む。以下同じ）から摘出することができる。

一　死亡した者が生存中に当該臓器を移植術に使用されるために提供する意思を書面により表示している場合であって、その旨の告知を受けた遺族が当該臓器の摘出を拒まないとき又は遺族がないとき。

二　死亡した者が生存中に当該臓器を移植術に使用されるために提供する意思を書面により表示している場合及び当該意思がないことを表示している場合以外の場合であって、遺族が当該臓器の摘出について書面により承諾しているとき。

2　前項に規定する「脳死した者の身体」とは、脳幹を含む全脳の機能が不可逆的に停止するに至ったと判定された者の身体をいう。

第6条の2（親族への優先提供の意思表示）　移植術に使用されるための臓器を死亡した後に提供する意思を書面により表示している者又は表示しようとする者は、その意思の表示に併せて、親族に対し当該臓器を優先的に提供する意思を書面により表示することができる。」

小児ドナーのいる海外で移植を受ける（渡航移植）しかなかったのである。

渡航移植は海外の医療資源を奪うという批判を受けたため、2009年の法改正で②の条件が加わり、本人の意思表示がない場合は遺族の承諾のみで提供が可能になった。これにより、意思表示能力のない15歳未満の小児でもドナーになることが可能になり、2011年から2019年までに計27名の小児脳死ドナーからの臓器移植が行われている。

また、小児の脳は回復力が高く脳死判定が難しい。そのため、誤判定を防ぐために脳死判定基準の適用条件がより厳しくなっている。

3　臓器移植の論点

臓器移植で問題になるのは、臓器の摘出条件をどうすべきかということであり、摘出の際にドナーとなる人の意思をどう扱うかが論点となる。では、どのような制度がよいだろうか。その理由についても考えてみよう。

オプト・イン（承諾意思表示方式）かオプト・アウト（反対意思表示方式）か

日本は現在オプト・インを採用しているが、なぜオプト・インがよいのだろうか。日本では臓器提供をドナー側（ドナー本人やその家族）の「善意の提供」とみなし、ドナー側の自発的意思を尊重するためにオプト・インとし

■資料16：臓器提供意思表示カード

ている。

　オプト・アウトについても、「沈黙を同意と見なす」など、ドナーの自発性から説明することはできる。しかし一方で、個人の自己決定でなく公序や社会的連帯からオプト・アウトを正当化することもできる。オプト・アウト型の移植制度の下で個々の市民は潜在的なレシピエントとして互いに恩恵を受けている。こうした社会ではドナーとなることは社会の一員として負うべき当然の責務であり、オプト・アウトは社会の絆を維持し強めるために必要な装置と考えるのである。

　では「移植によって助かる命」のためにオプト・アウトの採用を正当化できるだろうか。確かに、オプト・アウト採用国の方がオプト・イン採用国よりも臓器提供者数が多い傾向がある（資料17）。しかし、移植によって助かる命の増加が最重要であれば、この目的のために最適なのはオプト・アウトではなく臓器提供を完全義務化する制度である。もし移植によって助かる人が増えたとしても「強制はよくない」と考えるのなら、「移植によって助かる命」よりも重視しているものがあるはずである。オプト・アウト採用を正当化するにはそれを明らかにする必要があるだろう。

誰を決定権者とするのか

　臓器提供に際して、誰がドナー側とみなされるのか。これは、オプト・インの場合、提供に承諾する権利を誰が持つべきかが問題となる。日本はオプト・インを採用しているが、臓器の摘出には「本人が承諾している場合」「意

■資料17：国別臓器移植数（2019年）

		OPTING IN					OPTING OUT		
		日本	韓国	アメリカ	ドイツ	イギリス	オーストリア	フランス	スペイン
100万人あたりの臓器提供者数		0.99	8.68	36.88	11.20	24.88	23.80	33.25	48.90
臓器移植数	心臓	84	194	3,551	344	188	67	434	300
	肺	79	157	2,714	361	167	100	383	419
	肝臓	88	391	8,372	1,612	2,628	309	3,641	3,423
	腎臓	230	794	16,534	1,612	2,628	309	3,641	3,423
	膵臓	49	75	143	94	184	15	84	76

出典:IRODaT（DTI Foundation）※日本を除く（「日本の移植事情」公益社団法人日本臓器移植ネットワーク、2020年）

思表示をしていない場合」のどちらでも家族の同意や承諾が必要である。もし個人の自己決定権を重視するならば、家族の意思が絡むことは問題かもしれない。

オプト・アウトの場合は、誰が提供を拒否する権利を持つべきかが問題となる。同じオプト・アウト採用国でもフランスでは拒否権を持つのは本人のみだが、イタリアでは本人だけでなく家族も拒否権を持つ。

臓器提供に報奨を与えてよいか

日本を含め、多くの国ではドナーの臓器提供という行為に対しては、何の利益も与えられない。日本においては「善意の提供」は無償であることを求められる。これに対し、臓器提供の行為や意思表示に対して報奨を与えるべきという議論がある。

臓器提供への報奨の受け取り手としてはドナー遺族が考えられる。死体移植の場合、提供後には遺族はともかくドナー本人は報奨を受けられない。提供行為でなく移植制度への参画に対して報奨を与えるという意味で、提供の意思表示を一定期間（例えば3年間）継続した者に対して報奨を与える方法などが考えられる。

どのような報奨か

想定される利益としては、まずお金に換算できる金銭的利益が考えられる。単純な現金や物品の給付、医療サービスの割引、税金の減免、国や自治体による葬儀費用の提供などである。しかし、こうした対価をつけることに対しては、臓器が他の価値と交換可能なモノになってしまうなどの批判が考えられる。

非金銭的な利益としては、レシピエント優先権が考えられる。これは臓器移植が必要な状態になった場合、オプト・インであれば、提供の意思表示をしていた人が優先的に移植を受けられる権利を持つということである。オプト・アウトであれば、提供拒否の意思表示をしていた人は移植を受けるチャンスが著しく下がることになる。

3-2　臓器移植の未来

1　人工臓器

　人工臓器（artificial organ）とは、ある臓器が十全に働かなくなったときに、その機能を代行する人工的な装置のことである。現在、ペースメーカー（重篤な不整脈の治療に使用）や人工心臓、人工腎臓（血液透析器）が多用され、人工肝臓、人工肺臓、人工膵臓、人工関節、人工血管、人工骨など、様々な人工臓器が開発されている。人工心臓には機能（ポンプ作用）の一部を代行する補助人工心臓と完全に代行する完全置換型人工心臓がある。さらに性能を高めるために、生体材料（細胞）を組み込んだ「ハイブリッド型人工臓器」の開発も進められている。

　人工臓器の利点は、たとえば死体からの臓器移植のように他者の死を待つ必要がないことや、ES細胞のように受精卵を破壊することに伴う問題（後述）も生じないといったことが挙げられる。

2　再生医療

再生医療

　再生医療とは、簡単に言えば、細胞の能力を利用することで病気やけがを治す医療のことである。外科手術や内科的な投薬が、われわれ生物にもともと備わった自己修復能力（再生能力）を手助けすることで、臓器の回復を促進するのに対し、再生医療は機能不全となった臓器そのものを再生することで、その臓器の働きを取り戻すようにする。この治療法は1970年代前後から「骨髄移植」（白血病などの血液の病気に対して、血液の成分を生み出す元となる「造血幹細胞」を移植することで正常な血液の働きを取り戻すため

の治療法)という形で使われてきた。しかしそれ以外では、培養した細胞を用いた治療は、移植に十分な量の細胞が供給できないことや、免疫機能による拒絶反応といった問題のため、できる範囲はごく限られていた。ところが近年になって「万能細胞」と呼ばれる「ES細胞」や「iPS細胞」の樹立に成功したことで、再生医療の可能性が飛躍的にひろがるとともに、世界中の研究者から注目を集めるようになった。

　万能細胞とは、無限に増殖する能力を備えるとともに、どんな組織や臓器にも変化する可能性をもった細胞のことである。「ES細胞」と「iPS細胞」は、厳密には「多能性」という特徴をもち、理論上は、そこから胎盤以外のあらゆる組織や臓器を作り出すことが可能である。

　それでは「ES細胞」、「iPS細胞」とはどんなものなのか、それらを使って医学的に何ができるのか、そしてそこにどのような倫理的、または医学的な問題点が生じてくるのか、といったことについて説明していきたい。

ES細胞とその倫理的・医学的問題点

　「ES細胞(embryonic stem cells：胚性幹細胞)」は「胚(胚盤胞)」の段階にまで分裂した受精卵から作られる万能細胞である。研究には体外受精(p.23)のときに残った、いずれ破棄される予定の「余剰胚」が、カップルの同意のもとに使用されている。さらに、未受精卵に体細胞の核を移植した「クローン胚」からES細胞を作る方法も開発された(「ntES細胞(クローンES細胞)」と呼ばれる)。ヒトES細胞は、1998年にアメリカ・ウィスコンシン大学のジェームズ・トムソンらの研究グループによってはじめて樹立された。ヒトntES細胞も、2004年にソウル大学の黄禹錫(ファンウソク)が作製に成功したと報告したが、完全な捏造だったことが発覚し、科学史上のスキャンダルとなった。その後、2013年にアメリカ・オレゴン健康科学大学の立花真仁らの研究チームがヒトntES細胞の樹立に成功している。

　ES細胞を使えば、ドナー不足が問題となっていたこれまでの臓器移植や工学技術を用いた人工臓器とは異なった方法で、弱った臓器を治療することができる。ES細胞を培養して目的の細胞に「分化」(分裂した細胞が異なった細胞へと姿を変えること)するように「誘導」することで、ドナーの出現

を待つまでもなく、必要な臓器を手に入れることができる。また、美容目的（老化した肌を若返らせるなど）での研究も進められている。しかし、臨床への応用には解決されるべき大小さまざまな問題がある。その中で特に倫理的に重要と思われる3つの問題を提示しておきたい。

①最も大きな倫理的な問題は、ヒトES細胞を作るために受精卵を破壊してよいかというものである。人間の受精卵は、当然ながら将来人間となる可能性をもつ、いわば人間の生命の萌芽である。そのため人間の受精卵を破壊することには「人間の尊厳」を損なうという非難もある。また、ヒトES細胞が治療のために作られるとしても、それは「ある人を助けるために他人を殺す」ことにならないかという懸念もある。ヒトntES細胞を使ったとしても、未受精卵に体細胞の核を移植した時点で、受精卵と同様に人間へと成長する可能性が生じるため、結局上述の問題は解決されない。

■資料18：ヒトES細胞の樹立

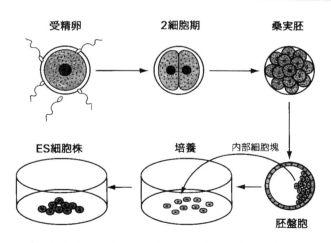

（『つくられる命　AID・卵子提供・クローン技術』、坂井律子、春日真人、NHK出版、2004年、p.197より）

②ES細胞から生殖細胞を作ることが可能であるため、そうしてできた精子と卵子を使って受精卵を作ってよいのかどうかという問題が挙げられる。たとえば、日本では「ヒトES細胞の樹立に関する指針」、「ヒトES細胞の使用に関する指針」(2019年、資料19)において「ヒトES細胞から個体を生成すること」や「ヒトES細胞を用いて生殖細胞を作成すること」は禁止されている。後述のiPS細胞についても、「イギリスやシンガポールでは、研究のための受精卵の作成が許されているが、他の多くの国では禁止されている」という報告が出されている。

■資料19：ヒトES細胞の樹立に関する指針、ヒトES細胞の使用に関する指針

ヒトES細胞の樹立に関する指針（最終改正：平成31年4月1日）（一部抜粋）
第3条〔ヒト胚およびヒトES細胞に対する配慮〕ヒト胚及びヒトES細胞を取り扱う者は、ヒト胚が人の生命の萌芽であること並びにヒトES細胞がヒト胚を滅失させて樹立されたものであること及び全ての細胞に分化する可能性があることに配慮し、人の尊厳を侵すことのないよう、誠実かつ慎重にヒト胚及びヒトES細胞の取扱いを行うものとする。
第4条〔樹立の要件〕
　2　ヒトES細胞の樹立の用に供されるヒト受精胚は、次に掲げる要件を満たすものとする。
　　一　生殖補助医療に用いる目的で作成されたヒト受精胚であって、当該目的に用いる予定がないもののうち、提供する者による当該ヒト受精胚を滅失させることについての意思が確認されているものであること。
　　二　ヒトES細胞の樹立の用に供されることについて、適切なインフォームド・コンセントを受けたものであること。
　　三　凍結保存されているものであること。
　　四　受精後14日以内（凍結保存されている期間を除く。）のものであること。
　　五　必要な経費を除き、無償で提供されたものであること。

ヒトES細胞の使用に関する指針（平成31年4月1日）（一部抜粋）
第5条〔禁止行為〕ヒトES細胞を取り扱う者は、次に掲げる行為をしてはならない。
　　一　ヒトES細胞を使用して作成した胚の人又は動物の胎内への移植その他の方法によりヒトES細胞から個体を生成すること。（中略）
　　二　ヒト胚へヒトES細胞を導入すること。
　　三　ヒトの胎児へヒトES細胞を導入すること。
　　四　ヒトES細胞から生殖細胞の作成を行う場合には、当該生殖細胞を用いてヒト胚を作成すること。

③ヒト細胞が他種の動物へと移植されることに対する懸念である。仮に人間と動物との混合種（ヒト―動物キメラ）が誕生したとすれば、その倫理的・法的・社会的な位置づけはどうなるのかという、複雑かつ微妙な問題が生じることになる。

　以上、大きく3つの問題を取り上げてきたが、それらの根本には「生命とは何か？」「人間はいつから人間になるのか？（受精卵からか？　胎児からか？　それとも出産後か？）」といったような「生命」や「人間」のあり方をめぐる問題があるといえるだろう。
　医学的な問題としては、マウスを用いた実験で、ES細胞から特定の臓器を作り、移植した後に「がん化（腫瘍化）」しやすいことが報告されている。また、ES細胞から作製した臓器は、移植後「拒絶反応」を起こす可能性も十分にある。さらに、ES細胞を使って心臓や肝臓などの複雑で立体的な臓器を作製することは、まだ技術的に困難であり、今後の研究の進展が待たれる。

■資料20：ヒトクローン胚によるヒトntES細胞の樹立

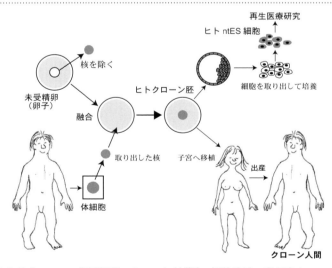

（『つくられる命　AID・卵子提供・クローン技術』、坂井律子、春日真人、NHK出版、2004年、p.197より）

iPS 細胞とその倫理的・医学的問題点

　「iPS 細胞（induced pluripotent stem cells：人工多能性幹細胞）」は、成熟した細胞を「初期化（reprogramming）」することで作られる万能細胞である。京都大学の山中伸弥らの研究グループは、2006 年にマウスで、そして 2007 年には人間での iPS 細胞の樹立に成功したと報告した。それまで受精卵は、それぞれの細胞（各内臓、神経、皮膚、血液、骨など）に不可逆的に分化する（姿を変える）ことで成熟した細胞となり、1 つの個体を形成すると考えられていた。しかし、山中は成熟した細胞の分化の過程をいわば巻き戻す（初期化する）ことで、万能細胞を作り出すことができるという、従来にない発想のもとに研究を進めた。その結果、皮膚の体細胞（成熟した細胞）にわずか 4 種類（現在は 3 種類）の遺伝子を入れることで ES 細胞のような未分化の細胞に初期化できることが解明された。そうして作られた万能細胞は iPS 細胞と名づけられた。

　iPS 細胞の主な利点は、本人の任意の体細胞（皮膚など）を使って目的の細胞を作れるため、ES 細胞に残っていた「拒絶反応」の問題を回避できる

■資料 21：ES 細胞と iPS 細胞の違い

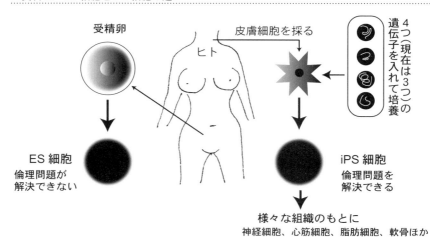

（『ひろがる人類の夢　iPS 細胞ができた！』、山中伸弥、畑中正一、集英社、2008 年、p.11 より）

ことである。現在、山中を中心として、「iPS 細胞バンク」の計画が進められている。それは、緊急を要する治療のために、HLA という拒絶反応の起こりにくい遺伝子の型を持つ人たちに細胞の提供を呼び掛けて、集めておこうという計画である。iPS 細胞およびそれからの必要な臓器の作製にはかなりの時間（2 カ月以上）を要するのが現状である。早期の対応が必要な疾患の場合、症状が出てから本人の細胞を採取していては手遅れになる。山中は、2020 年までに拒絶反応の起こりにくい細胞を集め、日本人の 80% に対応できる iPS 細胞バンクを作ろうとしている。

　また、難病の治療も期待されている。パーキンソン病などの症例の少ない難病では、コストの問題で製薬会社が参入しにくく、しかも病気の進行する過程を観察することが困難であった。しかし、難病をもつ患者の細胞の一部を採取して作製した iPS 細胞を使えば、その病気の進行する過程を再現することができる。さらには、難病を再現した細胞によってどの化学物質が薬としての効力をもつか、あるいは毒として作用するかを実験することが可能となる。

　倫理的にも、iPS 細胞は、受精卵でなく成熟した細胞を使って作製できるため、ES 細胞で生じていた、人間の受精卵を破壊してよいのかという問題をクリアできる。しかし、iPS 細胞でも、ES 細胞にあったその他の問題（生殖細胞や受精卵の作成やヒト—動物キメラの作成の問題など）はなお残されたままである。

　さらに医学上では、iPS 細胞を使った再生医療への応用（臨床研究）はまだ始まったばかりであるが、世界中でかなりのスピードで研究が進められている。iPS 細胞は、培養皿での培養によって薄い細胞のシートを作ることはできるが（試験的に網膜や心臓の治療には応用されている）、心臓や肝臓そのもののような複雑で立体的な構造をもつ臓器を再現するには至っていない。それに、ES 細胞にもあったがん化（腫瘍化）の危険性もまだ十分に解決されたとはいえない。マウスでの移植の成功例はいくつか報告されているものの、人間に応用するにはまだまだ多くの実験と時間を要するだろう。

COLUMN-2　エンハンスメント〈Enhancement〉

　エンハンスメントとは、本来は、治療目的で開発された医療技術や薬剤を、健康な人の能力や性格・容貌を増強させるために使用すること。「増進的介入」などと訳される。
　しばしば問題になるスポーツ選手のドーピングもエンハンスメントの一例である。エンハンスメントがなぜ倫理的な問題になるのか。ここでは3つのエンハンスメントを紹介する。

1. 肉体的能力の増進（physical enhancement）

　難病患者の治療のための遺伝子操作や遺伝子工学を利用して、健康な人間の身体能力を向上させること。スポーツ選手の成績を上げるためのドーピングは、国際的なスポーツ倫理規定で禁止されている。無条件禁止薬は、筋肉増強剤、興奮剤、麻薬、利尿剤・ペプチドホルモン。禁止理由は、①スポーツの価値低下、②公正でない、③選手の健康を損ねる、④青少年への影響の4項目である。

2. 知的能力の増進（intellectual enhancement）

　注意欠陥・多動性障害（ADHD）の治療薬が、健常人の集中力を高めるために使用されること。こうした薬剤を使用して受験勉強や仕事の能率を上げることを認められているならば、スポーツでのドーピングも認めて良いのではないかという意見もある。

3. 性質（格）の矯正（moral enhancement）

　攻撃的な性格や、引っ込み思案な暗い性格を、うつ病や治療用の向精神薬や遺伝子工学を使って、穏やかで明るい性質に変えようとすること。モラルエンハンスメントの目指すところは、道徳的能力を高めて気遣いや抑制力のある人間になることだが、犯罪者を減らすために国家的に使用する場合は危険な優生思想となる。

第 4 章

いのちの終わり

4-1　死を学ぶことは生を学ぶこと

1　タナトロジー（死生学）とは何か？

死をタブーにしない

　「タナトロジー（thanatology）＝死生学」とは、死をテーマにした学際的な研究の総称である。「タナトス」は死を意味するギリシャ語。もともとは第 2 次世界大戦後のアメリカで、精神医学や心理学の研究者が、家族を戦争で亡くした人々のメンタルケアや、死に直面した「末期患者」の心のケアのために始められた研究だった。今では、もっと広く、生物学や医学・看護学、社会学や宗教学、哲学、倫理学、文学といったさまざまな分野での死の研究としてひろがっている。

　日本では、死を穢れとし、死について語ることを「縁起でもない」と忌み嫌う風習があった。病院には死と同音の 4 号室はなく、がん患者とは死の話をしないのが礼儀だった。最近、日本人の死生観もいくらか現実的になり、葬儀の生前契約や献体（医・歯学生の解剖実習用に死後遺体を提供する）の申し出をする人も出てきた。

　高齢者が「終活」やエンディングノートの話で盛り上がることもある。高齢社会は多死社会でもある。死をタブーにしては豊かな高齢社会を作ることができない。

死生観を養う

　若者も死に対して興味・関心がある。が、それは、自分とは無縁の出来事で、怖いけれどのぞきたい。謎めいた興味深い事象。そこには悲しみや悼みの気持ちは伴わない。祖父母を含めた家族やペットの死を、深い情動として経験している学生は少ない。しかし、半年ないし 1 年間のタナトロジーの講義

の後、顕著な変化が訪れる。ほとんどの学生が「死について学ぶのかと思っていたが、終わってみたら命について考える時間だった」「いのちは壊れもの、大切に取り扱おう」という感想を持つ。死は生に内在し、生と死は不可分の関係にある。

　タナトロジーを学ぶ目的は、死を通して生命の輝きを見ることであり、死をめぐる様々な出来事や事実を知って、自分なりの死生観を養い、将来の親の死や自分の死に備えることである。命は事故や天災で一瞬にして砕け散る壊れもので、大切に守らなければならない。

2　誰の死か

　V. ジャンケレヴィッチの『死』(みすず書房、1978年)という著書の中に「死の人称」という有名な概念がある。死は自分との関係性によって受け止められ方が変わる。

1人称の死（「わたし」の死）

　人はすべて死ぬ。当然自分も死ぬことはわかっているはずだが、ほとんどの人は、自分の死をイメージすることができない。あの世があるのか、死んだらすべてが無に帰するのかもわからない。自分の死はこの世の経験を一切超えた出来事だから。死を経験したことのある人は誰もいない。自分の死を経験したときはすなわち死んだ瞬間で、その時点でもはや自分は存在しない。自分の死は、最初で最後の一回きりの出来事である。

2人称の死（「あなた」の死）

　　親の死は自分の過去を失うこと
　　伴侶の死は自分の現在を失うこと
　　子どもの死は自分の未来を失うこと
　　　　（ユダヤ教の宗教者グロルマンの言葉）

　死が最も大きな意味を持ち、長い年月にわたって人を苦しめるのは、実は

この2人称の死においてである。配偶者の死、恋人の死、わが子の死、親の死、親しい兄弟姉妹の死、親友の死など、愛する人の死は人生最大の苦悩をもたらす。配偶者との死別は人生最大のストレス、子どもの死は人生最大の悲しみをもたらすと言われる。

第2次世界大戦後のアメリカで、夫や息子を失った遺族の心理・社会学的研究からグリーフケア（悲嘆のケア）という実践的な精神保健の領域が派生してきた（p.71）。

2.5人称の死

ジャンケレヴィッチの概念の中にはないが、2人称と3人称の間に「2.5人称の死」という関係もあるだろう。家族に対するほど強い感情はないけれども、けっこう仲が良かったクラスメート、小さい頃から可愛がってくれた親戚のおじさんや恩師。こういう関係の人が人生にはたくさんいる。

基盤は「好意」だが、冷静な関係なので巻き込まれずに援助ができる。こういうある程度の距離がある関係の相手にこそ、定期的なお見舞いで励ますこともできる。ボランティア活動で手助けをすることになる相手や、医療職・介護職として仕事上関わる患者さんや利用者さんとは、この2.5人称の関係を維持することが大事だ。

3人称の死

新聞の死亡記事で読む著名人の死、ニュースで見る見知らぬ人の事故死などは、3人称の死である。ひととき興味を持つけれど、自分の人生とは直接関わりのない他人なので、すぐに忘れてしまう。しかし、その人がどんな思いで亡くなっていったか、彼らの家族はどんな思いで今を生きているかを想像してみると、単なる野次馬的な目で見るだけではすまなくなる。

3人称の死を自分の立場に置き換えて考えることは、大きな学びである。学校教育での死の学習などは、3人称の死を通して想像力をきたえ、立場の置き換えという共感の方法を養いながら展開される。

3 死と向かい合う

死にゆく人の心理

アメリカの精神科医、エリザベス・キューブラー・ロスは著書『死ぬ瞬間』（中央公論社、2001年）で死にゆく人の心理的な5つのプロセスについて書いている。1969年刊行の名著だが、当時はアメリカでも、末期患者に死の告知をすることは少なかった。キューブラー・ロスは、200人ほどの末期患者にインタビューをして、死にゆく人の心理を研究し、「5段階説」を発表した。彼女によれば、自分の近い死を知った人は、ショックのあと次のような5つの感情を経験しながら立ち直り、死を迎える。

①否認……「まさか」「なにかの間違いではないか」と事実を否定する。
②怒り……「なぜこの私が」「私が何をしたというのだ」と不条理な出来事に腹を立てる。周囲に当たる。
③取引……「良いことをすれば、神が奇跡を起こしてくれるかもしれない」。
④抑うつ……生きる意欲を失くし、すべてのことに関心が持てない状態。
⑤受容……「仕方がない」「こういう運命だったのだ」「神様のみこころだ」。

そして、この5つのプロセスを通して脈々と存在するのは、生に対する〈希望〉である。キューブラー・ロスの5段階説は、現実には階段を上るように進んでいくものではなく、行ったり来たりしながら受容というゴールに辿り着く。ただし、受容といっても、「悟り」のような不動の境地ではなく、迷いを含んだまま行き着くあきらめのようだ。

死を受容しにくい日本人

現在、日本人の死因の第1位はがんであり（p.58、資料22）、進行がんや末期がん患者に対する治癒不能や余命の告知も行われるようになった。自分の死期を伝えられて、死を穏やかに受容して亡くなる人は少ない。「告知」された人々のほとんどは土壇場まであきらめずに、生き延びるための方法を

探す。先進医療を受けたり海外から新薬を個人輸入したり、「末期がんが治る」というサプリメントを飲んだりする。

平穏な気持ちで緩和ケアのみを選択する患者は少ない。死に直面すると、生物としての本能が強く働き、死を回避するための行動をとる。つらい現実に直面しないように防衛機制が働き、医師の言葉を聞き間違えたり、自分に都合のよいような解釈をしたりすることもある。

また、日本の医師や看護師は欧米の医療者に比べて死を恐れ、死の話題を避ける傾向があるといわれる。プロとして、臨死患者の心のケアに習熟していないためだと思われる。

死後のこと

自分の死後の問題は、現実的な問題と、形而上的・宗教的な問題の2側面から考えられる。現実的な問題とは、遺産やその後の家族の生活、葬儀や墓の問題などだが、こうした問題は遺言状を作り、執行人を指定することによって、解決可能である。

ところが「死後の世界は存在するのか」「死んだら無になるのか」といった問題は、宗教や哲学のテーマである。キリスト教や仏教の浄土教などでは、死後、肉体を離れた魂は昇天し、あるいは極楽往生すると教えられるが、現在の日本人には、それを信じている人は少ない。しかし、死後、自分の魂がなんらかの形で継続すると思う人は25％にも上るという調査がある。

■資料22：主な死因別死亡数の割合（2019年）

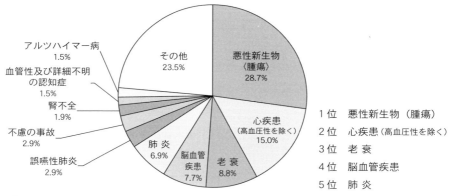

4-2　看取りの場　看取りの方法

1　死の看取りは文化

明治以前の死の看取り

　医療社会史を専門とする新村拓によれば、現在の在宅死を困難にしている理由のひとつは、日本から「看取りの文化」が衰退してしまったためだという。「看取りの文化」の中核をなしていた死の臨床は、遡れば、平安・鎌倉時代の仏教界にあり、すでに『往生要集』などの、現代風に言えばホスピスケア・マニュアルが著されていた。驚くべきことに、鎌倉時代の日本には「往生院」「無常院」といった仏教ホスピスが存在していたのだ。

　このような、看取りの作法や「臨終行儀」のような死の様式が、日本に古くから存在していたことはあまり知られていない。

　中世・近世にはそれが医書や一般向けの本にまでひろがり、また村の「講」や家庭内での子女の看護・介護の教育を通して、家族によりよい死を迎えさせるための実践的知識として庶民の間に定着していった。

　医師が臨終に立ち会うようになったのは、死亡証明書を書くことが義務づけられた明治以降のことで、それ以前は、いよいよ臨終になると医師は「あとは、神仏に祈りなさい」と言い残して立ち去り、代わって、僧侶、山伏、巫女などが祈りながら家族とともに最期を見守ることになっていたという。宗教者は、家族に対する心のケアも担っていたのだろう。

明治から戦前までの死の看取り

　明治・大正から戦前の昭和期までは、家で死ぬ人がほとんどだった。新村によれば、明治・大正期の庶民は、臨終看護に対する不安や怖れをあまり感じていなかったという。「それは、死が人生や生活の中にしっかりと組み込

まれ、自然なものとして受け止められていたためであり、また〈講〉といった地域住民の結びつきや親族間の相互扶助、主婦の献身、それに加えての往診医や派出看護婦によるバックアップもしっかりと機能していたためである」（『在宅死の時代〜近代日本のターミナルケア』、法政大学出版局、2001年）。

戦前までの日本の女子教育の目的は、良妻賢母を育成することにあった。家庭看護や死の看取りについても女学校で一通りのことは教えられ、結婚すれば、嫁が夫の親を家で最期まで看取るのがあたりまえで、死後の湯灌（ゆかん）の仕方まで、主婦たるものは心得ておかなければならなかった。

「看取りの文化」の衰退と復興

明治中期以降の民衆の仏教離れ、産業の変化、病院の増加、核家族化、女性の社会進出などに伴い、しだいに「看取りの文化」が都会から姿を消していった。明治中期以降、地方の名家では病気の家族をわざわざ東京の病院に入院させるのをステータス・シンボルだとみなし、高いお金を出して個室料を払い、看護師を雇い（当時の看護師は患者の家族が雇用するものだった）、見舞い客も「かすていら（カステラ）」などハイカラで高価なお菓子を持参してやってきたという。富裕層やエリート層は都会の大病院志向だったようだ。

■資料23：死亡場所の推移

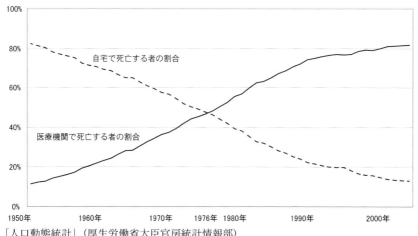

「人口動態統計」（厚生労働省大臣官房統計情報部）

第2次世界大戦後の病院死時代

1952（昭和27）年の平均寿命は57歳。在宅死は88％だった。高度経済成長期を挟んでそれが逆転し、在宅死が減った。1976年は医療機関での死が、初めて在宅死を上回った年である（資料23参照）。その後、核家族化と女性の就労により、高齢者の在宅での看取りが難しくなり、2000年代になると、医療機関での死が80％を超えて在宅死がわずか数％になるという、50年前とは正反対の、いわば「死の医療化現象」が生じる。

再び在宅死の時代へ

「死の医療化現象」に伴い、終末期がん患者にも副作用の強い化学療法や苦しい検査を行う病院が増え、末期の高額な濃厚医療や患者自身の意思を無視した延命医療が問題になった。

1990年代後半に入り、高騰した医療費を抑制することが急務となり、国が在宅医療へと方向を変えた。介護保険が導入され、在宅診療や訪問看護への診療報酬が加算され、入院期間の短縮など在宅ケアの形が整った。

地域包括ケアシステム

核家族化し、家庭内に看取り手がいない時代の在宅ケアを支える仕組みが、地域包括ケアシステムである。厚生労働省によれば「団塊世代が75歳以上となる2015年を目途に、重度な要介護状態になっても住み慣れた地域で自分らしい暮らしを人生の最後まで続けることができるように、住まい・医療・介護・予防・生活支援が一体的に提供されるシステムの構築を実現すること」。各市町村や都道府県が主体となり地域の実情にあったシステムを自主的に作ることが勧められており、開業医や既存の介護施設だけでなく、高齢者自身や近隣の人々、NPOやボランティア団体を総動員して、自助・互助・共助・公助という縦横無尽の支援ネットワークを作り上げることが地域包括ケアシステムの目的といえよう。

死の教育はいのちの教育

　子どもたちに「いのちは大事ですよ」と百万回繰り返すよりも、子ども自身が弟や妹の誕生を体験すること、祖父母の死の床に付き添い、手を握って息が止まる瞬間に立ち会うことの方が、はるかに深くいのちの神秘を実感できるのではないだろうか。もろもろの命の大切さを知るために、生と死が一緒に存在する生活の場が必要だろう。

　日本の学校教育の中で、性教育や死の教育はとても立ち遅れた分野だ。大学でもタナトロジーが開講されているところは少ない。性や死が、公の場で話すことに戸惑いを感じるようなタブーの領域であることも、なかなか教育として進展しない理由のひとつである。教える側の教師や親が、人の死んでいくプロセスを最初から最後までつぶさに経験したことがないというのも、死の教育に自信を持ってたずさわることのできない原因かもしれない。

　しかし、高齢化が急速に進み、死者の数そのものが倍増しており、また世界的な金融危機に押されて物質的な豊かさにかげりが見えた現在、生きる意味を見失って自殺する人や無差別殺人なども増加している。こういう時代にこそ、子どもから社会人まですべての年代の日本人に、死の教育・死の学習がいのちを考え直し、生きる意味を見つめなおすよい機会になるはずだ。

2　緩和ケアについて

　日本や北米では、緩和ケア（Palliative care）という言葉は、がんとエイズに限定して使用されてきた。緩和ケア病棟の対象疾患もがんとエイズであるが、WHO（世界保健機関）の定義では、生命を脅かす全ての疾患を緩和ケアの対象としている。

　日本や北米の「緩和ケア」は、終末期のがんに特化したがん死の看取り医療とされてきたため、がん患者は「緩和ケア」「緩和ケア病棟（ホスピス）」を死の看取りのケアと同義に捉えて恐れていた。

　が、2006（平成18）年のがん対策基本法の制定以降、がんの緩和ケアの理念が変わった。厚労省の緩和ケア推進検討会によれば、「緩和ケアとは、

がんと診断された時から切れ目なく提供される患者家族の心身の苦痛に対する、多職種によるケアの提供」と定義されている。

現在、緩和ケアは、がん治療と同時に始められる通常医療のひとつになり、また緩和技術の向上や薬剤の進歩で安全な医療になった。いずれ、緩和ケアは、がんのみならず非がんにも適用され、さらに普遍的な医療技術や理念になるだろう。

新しい緩和ケアのイメージ

かつては、積極的ながん治療を終えて、治癒へ向けた打つべき手が無くなった段階で緩和ケアが開始されていたが、現在の緩和ケアは、がんと診断されると同時に始まり、患者が亡くなったあとも遺族ケアとして継続される。患者のみならず家族もケアの対象と考えられている。

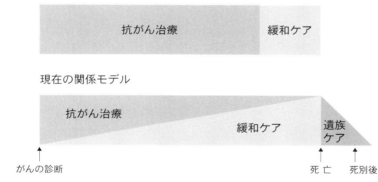

WHO による緩和ケアの定義

「緩和ケアとは、生命を脅かす疾患による問題に直面している患者とその家族に対して、痛みやその他の身体的問題、心理社会的問題、スピリチュアルな問題を早期に発見し、的確なアセスメントと対処（治療・処置）を行うことによって、苦しみを予防し、和らげることで、クオリティ・オブ・ライフを改善するアプローチである」（2002 年）

（特定非営利活動法人　日本ホスピス緩和ケア協会訳）

「緩和ケア」をめぐる言葉の定義

ターミナルケア、ホスピスケア、緩和ケア、支持療法、緩和医療、エンドオブライフ・ケアなど、緩和ケアの周辺には、区別が難しい言葉が多く、定義されないまま使われることがある。

日本ホスピス緩和ケア協会のそれぞれの定義は以下のようなものである。

ターミナルケア（Terminal care）

1950年代からアメリカやイギリスで提唱された考え方で、人が死に向かってゆく過程を理解して、医療のみでなく人間的な対応をすることを主張した。

ホスピスケア（Hospice care）

1960年代からイギリスで始まったホスピスでの実践を踏まえて提唱された考え方で、死に行く人への全人的アプローチの必要性を主張した。

緩和ケア（Palliative care）

1970年代からカナダで提唱された考え方で、ホスピスケアの考え方を受け継ぎ、国や社会の違いを超えて人の死に向かう過程に焦点をあて、積極的なケアを提供することを主張し、WHOがその概念を定式化した。

支持療法（Supportive care）

1980年代にアメリカやヨーロッパでがん治療から発展した考え方で、治療に伴う副作用の軽減や、リハビリテーションなど抗がん治療でない様々な治療を指しており、緩和ケアと重なる概念である。

緩和医療学（緩和医学）（Palliative Medicine）

1980年代からイギリスで緩和ケアを支える学問領域として発展したもので、国際的にも緩和ケアを学問的に裏づける医学や看護学等の専門領域のひとつとして確立している。

エンドオブライフ・ケア（End-of-Life care）

1990年代からアメリカやカナダで高齢者医療と緩和ケアを統合する考え方として提唱されている。北米では緩和ケアはがんやエイズを対象としたものという理解があるが、エンドオブライフ・ケアはがんのみならず認知症や脳血管障害など広く高齢者の疾患を対象としたケアを指している。

3　緩和ケアは全ての苦痛に対応

　がんの痛みは部分的なものではなく、また肉体だけのものでもなく、心の痛みを伴う「全人的な苦痛」である。つまりがんの苦痛は死への恐怖や不安を伴う人間としての存在そのものの苦痛だといえよう。

　この全人的な苦痛に対しては、①肉体的苦痛、②心理的苦痛、③社会的苦痛、④スピリチュアルペインの4つのレベルに分けて対応されることが多い。

①肉体的苦痛（physical pain）

　がんによる胃や膵臓などの内臓痛、骨転移などの体性痛、神経圧迫による神経障害性疼痛の3種類に分けられる。がん性胸膜炎や腹膜炎による胸水や腹水も呼吸困難や腹部膨満の苦痛をもたらす。

　がんの苦痛を緩和するためにWHOの推奨する方法は効果的で、痛みの80％程度は抑えられる。しかし、神経や骨の痛みはモルヒネだけではなかなか治まらず、いくつかの鎮痛補助薬（ステロイド・抗不安剤など）を組み合わせて除痛しなくてはならない。医師の熟練や技術知識が問われるところである。その他、放射線や神経ブロックが痛みに有効なこともある。現在はモルヒネを注射や点滴ではなく、錠剤やゼリーや座薬あるいは皮膚に貼るパッチ剤として使うことが多い。薬を飲むのが難しい場合は、皮下に埋め込んだ針から持続的にモルヒネ液が注入される持続皮下注入器を使うこともある。

　苦痛を取り除くためのあらゆる努力をしても、どうしても痛みや呼吸困難などで本人も家族も耐えられなくなったときには、「セデーション（鎮静）」が選ばれることがある。これは、鎮静剤によって意識レベルを落とし、苦痛を感じさせないようにする方法で、緩和ケアの最終手段とも言える。セデーシ

ョンの実施についてはあらかじめ本人の意思を確認しておくことが望ましい。

②心理的苦痛（psychological pain）
　がん患者は再発や転移の不安、病気の進行に伴う死への恐怖などからうつ病や神経症にかかりやすい。じっとしていられないような、落ち着かない感じ、時間がないという焦りからパニックになることもある。
　そんな時は、精神科や心療内科を受診すること、精神安定剤や睡眠剤を服用することで気持ちが楽になることが多い。心理的な痛みを放置したり抑え込んだりせずに、専門的な訓練を受けたカウンセラーのもとで充分に気持を表現することが有効な場合がある。

③社会的苦痛（social pain）
　人生のなかばで死を迎えることになった患者は、自分の社会的責任を果たせないこと、経済的な心配、これまでの家族関係のトラブルや死後の遺産問題など、自分の死によって予想される問題への懸念に悩まされる。こうした関係性の中での苦しみを社会的苦痛と名づけている。
　ソーシャルワーカーや弁護士など専門家の手助けや、親類や友人など患者の親しい関係の人々の支援によって、元気なうちにできるだけの解決をはかることが患者の心の平安につながる。

④スピリチュアルペイン（spiritual pain）
　なかなか日本語に訳しにくい言葉だが、「霊的な痛み」「魂の痛み」「実存的苦痛」などと訳される。死ぬことそのものに対する怖れ、「なぜ自分が今死ななければいけないのか」という不公平感や絶望感、「このような状況になって生きることに意味があるのか」という自己の存在の根底が揺らぐような存在価値にかかわる苦しみ……解決ができない根源的な悩みに対しては、そばにいてただひたすら耳を傾けるという傾聴の姿勢がいちばん効果がある。わからないことには、わからないと答える率直な態度や温かい手優しいまなざしが人の魂を救う。スピリチュアルケアは、宗教家による専門的なケアでなくとも可能である。

いのちの終わり

4　日本人の最期の場所

　現在、日本人の死亡場所は、病院、ホスピス緩和ケア病棟、介護施設、ホームホスピス、在宅などだが、欧米諸国と比べて、病院死が圧倒的に多く在宅死が少ないという特徴がある。

　しかし、多死社会の到来を踏まえて日本も、看取りの場所を在宅や介護施設などにバランスよく分散しようとする政策をとっている。

それぞれの看取りの場の特色

病　院

　入院すれば24時間体制での看護があり、容態の変化に対してすばやく医療的な対応をしてもらえる一方、家族との面会時間の制約があり、ゆっくり語り合う時間が取れないというデメリットがある。また自宅のような自由な生活ができず、食べたくなくても決まった時間に配られる食事など、病院の規則に合わせることが苦手な人もいる。

　医師や看護師、同室の患者への遠慮で窮屈な思いをすることもある。最期の時に家族が間に合わないことも多い。死を回避することが使命と思っている医師に、人工呼吸器や人工栄養・透析などの延命措置を勧められ拒否することが難しい場合もある。

ホスピス緩和ケア病棟

　がんとエイズの患者を対象に、ホスピス・緩和ケアの理念に基づき、その人らしいエンドオブライフを過ごせるように支援する施設。形態としては、(1) 院内病棟型　(2) 院内独立型　(3) 完全独立型の3種があるが、多く

■資料24：各国の死亡場所構成比（％）

	病　院	施　設	自　宅	その他
オランダ（2011年）	29.1	38.2	28.9	3.7
アメリカ（2007年）	43.0	21.7	25.4	9.9
フランス（2012年）	57.0	12.3	25.1	5.7
日本（2016年）	75.8	9.2	13.0	－

は院内病棟型である。

　体調の良い時は自宅で過ごし、家族の負担が大きくなる最終ステージになると緩和ケア病棟へ戻る患者もいる。緩和ケア病棟の医療費は健康保険が適用される。

　厚生労働省から「緩和ケア病棟」として承認を受けた施設の場合、医療費は一般病棟の出来高払いの診療報酬と違って定額制。患者の自己負担額は、1割負担で1日約5,000円。無料個室が半数以上だが有料個室もある。緩和ケア病棟での平均在院日数はひと月ほど。病院に比べると自由度が高く、QOLが重視される。家族ケア（グリーフケアも含む）も、きめ細やかである。ただし、抗がん剤治療などの積極的治療は原則として行わない。

　最近は、在宅緩和ケアを受けている患者家族の肉体的・精神的疲労を軽減することを目的とした短期（レスパイト）入院など、入院形態は多様化している。

　これからのホスピス緩和ケア病棟は数の拡張よりも、質の充実が目指される。最期を看取る施設というよりも緩和ケアの研修や在宅への移行の準備に使われることが増えるのではないだろうか。

　福岡県（人口512万人）の緩和ケア病棟数は、2021年現在、36施設。これは実数としても人口比でも全国1位だ。人口1,390万人超の東京都には28施設しかない。ところが、逆に全国で最も在宅での看取りが多いのは東京都。福岡県は全国下位である。緩和ケア病棟が多いことも在宅死が増えない理由の一つかもしれない。

　介護施設
　老人保健施設や有料老人ホームなどの高齢者施設に入所者は、死が近づくと関連の病院に移され、そこで点滴や酸素吸入などの医療処置を受けながら亡くなる人がほとんどで、施設内の住み慣れた居室で、職員や家族に看取られて死を迎える入居者はまれだった。その理由としては、施設内に看取り経験のあるスタッフがいないことや、病院で最後まで手を尽くしてほしいという家族の意向もあった。しかし、今後、団塊世代と呼ばれる第1次ベビーブーマーが年老いて死を迎える年齢になったとき、その人たちを収容できる病

院やホスピスが確保できないだろうという予測のもと、厚労省も介護施設での看取りに積極的に取り組む姿勢を見せている。厚労省の試算では、2040年の死者は160万人に増加するとされている。2006年から介護施設での「看取り介護加算」が設置され、病院ではなく施設での死の看取りにも報酬が出るようになった。

そのために、どこで最期を迎えたいかについて入居者や家族の意思確認を取る必要があるが、意思確認できない認知症患者や家族と連絡がとれない入居者もいて、施設での死の看取りには大変難しい問題がある。

「ホームホスピス」
最近メディアでも注目されている新しい発想の看取りの場。
「がんや認知症などの高齢者5～6人が、空き家などを利用した「家」で共同生活しながら終末期を過ごす。介護職や医師、訪問看護師など多職種が連携して24時間体制で見守る。在宅介護の一形態で、あえて国の制度の枠組みに属さず、柔軟なケアを実践している。

2004年、宮崎市のNPO法人「ホームホスピス宮崎」(市原美穂理事長)が開設した「かあさんの家」を草分けとして、全国23地域32軒にひろがり、九州でも熊本市、福岡県久留米市、長崎県新上五島町などに計8軒ある。さらに、全国10カ所以上で開設が準備され、じわじわと浸透している。」

(2015年12月10日「西日本新聞」朝刊より)

5　在宅での看取り

厚生労働省の統計に高齢者の60％以上が在宅死を希望しているが、実際に家で死を迎える人は少ない。2014年の厚労省の人口動態調査によれば、在宅死は全国平均12.8％。自宅では、急変したときに対応できない、家族に迷惑をかけるという懸念から遠慮して言い出せない高齢者が多い。国は今後の高齢社会と多死社会を想定し、医療費削減の面からも在宅死を推進しようとしている。2025年までに在宅死を40％にすれば5,000億円の医療費が削減されるとの試算が出されている。

在宅ホスピスケアは、ただ自宅で死にたいという患者や家族の希望だけでは成り立たず、それを支える仕組みが社会にあってはじめて可能になる。在宅ホスピスケアは「支えるケア」だと言われる。いのちと生活を最後まで支える。患者の自己決定を支え、家族を支え、生活を支えるというトータルな支援の上で満足な在宅死が与えられるが、日本の在宅死の現場はまだまだ準備不足だ。

　訪問診療医・訪問看護ステーション・理学療法士・ケアマネジャー・居宅ヘルパー・友人・親類・地域の知り合いなどがひとつのチームを作って患者と家族を支える。在宅が無理になったときに入院施設を提供する緩和ケア病棟やショートステイ施設も待機していなければならない。

　在宅の患者が家庭の状況に合わせて昼間通う「デイホスピス」や、夜だけ泊まる「ナイトホスピス」もこれからの在宅ホスピスを支える新しい仕組みである。在宅ホスピスケアに疲れた家族の負担軽減のために短期滞在できるレスパイトケア施設も必要だ。家族の外出時に留守番を頼める在宅ボランティアも助かる。

　医療チームが在宅での死の看取りに習熟し、家族も少しの勇気を持って病人を家から旅立たせたいと決心するならば、在宅ホスピスはそれほど難しいものではない。

COLUMN-3　ビハーラ　vihāra（梵語）

　西洋のホスピス（緩和ケア）はキリスト教を母体として成立してきたものだが、日本では1985年に田宮 仁（たみやまさし）によって仏教に基づく「ビハーラ」が提唱された。ビハーラは「〈仏教ホスピス〉という表現に替わる、〈仏教を背景としたターミナルケアの呼称〉」として始められた。

　ビハーラという呼称は「休養の場所」「安住」などを意味するサンスクリット語に由来する。日本にはかつて仏教に基づく病人の看取りの場として「無常院」や「往生院」といった施設があった。1992年に長岡西病院ではじめて設立されたビハーラ病棟は、現在では日本の各地にもつくられ、仏教系の大学などで専門のビハーラ僧の育成も行われている。

4-3　グリーフケア・グリーフワーク

グリーフケアとは

　グリーフケア（grief care）とは、大切な人を亡くした人が体験する悲嘆の苦しみに対する援助のことである。ここでいう「悲嘆（grief）」という言葉には、深い悲しみだけでなく、たとえば怒りの感情、罪責感や自責の念、不安感といった喪失後に生じる様々な心理状態が含まれる。グリーフケアの他に、「遺族ケア」や「死別ケア（bereavement care）」という呼び方もある。
　大切な人の喪失という意味では、亡くなった患者の家族（遺族）だけでなく、友人や恋人などもグリーフケアの対象となりうる。また、家族の一員として可愛がっていたペットが死んだ場合も、悲嘆が生じるだろう（ペットロス症候群）。なかなか新しい生活に適応できず、うつ病やアルコール依存症になるなどの複雑性悲嘆（病的悲嘆）に陥ることもある。

グリーフケアの必要性

　大切な人との死別が心身に大きなストレスをもたらすことはよく知られた事実である。身体的症状としては頭や背中などの痛み、嘔吐、肩こり、不眠や食欲不振などが起こってくる他、免疫機能や内分泌機能が低下して病気になりやすくなる。特に配偶者や子どもと死別した人は、心疾患や自殺、事故、肝硬変による死亡のリスクが高まると言われる。
　感情面では、悲しみや怒り（「どうして先に逝ってしまったの」）が代表的だが、逆に死別直後の感情マヒ（apathy：アパシー）も生じうる。その他にも、故人への思慕、「あの時こうしておけばよかった」「どうしてあんなことを言ってしまったのだろう」といった後悔や自責の念、一人ぽつんと取り残された孤独感、これからの生活への不安感、それから疲労感や無力感などが挙げられる。年月が経過しても死別から立ち直れない場合、先にふれた複雑性悲

嘆へと精神状態が悪化したり、突発的なパニックや自殺につながることも少なくない。

　そうした死別から生じるリスクに備えるという意味で、グリーフケアとして、情緒面でのサポートや社会的・経済的な面での手助けなどが重要となる。複雑性悲嘆（病的悲嘆）のような深刻な事態に陥った場合は、精神科や心療内科等の医学的な治療も必要となってくる。

グリーフワーク

　同じような死別の体験をした人たちが自分の気持ちを語り合い、分かち合う場を作ることが、グリーフケアの実践として重要な位置を占めている。さらに「この場では泣いてもいい」と認め合い、十分に感情を表出する（端的に言えば、思い切り泣くこと）ことも死別の悲嘆から立ち直る上で重要である。

予期悲嘆

　予期悲嘆とは、（特に患者の終末期においてその家族が）愛する人と死別することを予期して悲しむことをいう。予期悲嘆は、患者本人とその家族の両方に起こりうる。

　患者は自分がまもなく死んでしまうことを想像して悲嘆する。家族の場合は、患者が存命の間に、患者の死を予期して悲嘆することとなる。予期悲嘆という一種のシミュレーションによって、家族は、突然死の場合よりも死のショックが和らいだり、立ち直りが早くなったりするといわれる。

死別の悲嘆のプロセス

　古典的な研究としてはキューブラー・ロスの5段階モデル（p.57）が有名であるが、近年では新しい視点からの研究も出されている。たとえば、ウォーデンは悲嘆のプロセスを死別者（遺族など）の通過すべき課題として捉えた。

　そこでは、①喪失の事実を受容する、②悲嘆の苦痛を処理する、③故人のいない世界に適応する、④新たな生活を歩み出すなかで、故人との持続するつながりを見つける、という4つの課題が示される。

　緩和ケアの研究と実践に長く関わってきたアルフォンス・デーケンは、悲

嘆のプロセスとして12の段階を挙げている。それは、①精神的打撃と麻痺状態、②否認、③パニック、④怒りと不当感（不当な苦しみを負わされたという激しい怒り）、⑤敵意とルサンチマン（うらみ、やり場のない感情をぶつけること）、⑥罪意識（過去の行いを悔やみ自分を責めること）、⑦空想形成、幻想（故人が生きているかのように思い込むこと）、⑧孤独感と抑うつ、⑨精神的混乱とアパシー（無関心、無感動、無感情）⑩あきらめ――受容（つらい現実を受け入れようとすること）、⑪新しい希望――ユーモアと笑いの再発見、⑫立ち直りの段階――新しいアイデンティティの誕生（より成熟した人格者として再出発する）、という段階として示される。

ただし、これらの段階には個人差があり、順番通りに進行するわけではない。ある段階を飛び越えたり、複数の段階を同時に経験することもあるといわれる。

死別を経験した後でほとんどの人は、悲嘆のプロセスを経て、次第に新しい生活へと適応していく。

医療的・社会的・心理的・スピリチュアルなケア

まず心理的なケア（情緒面でのサポート）で重要となるのが、支援者が相手（死別者）の言葉を否定せずに受け止める「傾聴」や「共感」と、感情を十分に表出できる場を提供することである。そうした場は、遺族同士が作るセルフサポート・グループで結成される場合と医療関係者や葬儀社などが主催するサポート・グループによって提供される場合がある。また、固定したメンバーで数回行われるもの（closed）とメンバーが入れ替わりながら継続するもの（open）がある。

サポート・グループでは体験を共有することによって安心感が得られる。加えて、「先輩」のアドバイスが、社会面・経済面でのケアにつながるケースも少なくない。たとえば、家族と死別した人が行わなくてはいけない様々な事務手続き（死亡届、年金振込の差し止めや銀行口座の名義変更の手続きなど）について有益なアドバイスが得られる。また、妻に先立たれた男性が家事について教えてもらうこともできる。

医療スタッフやそれに準じるボランティアがいる場合は、グリーフケアの

必要な人たちが心情を語った言葉に耳を傾け、受け止める「傾聴」や「共感」の態度が重要となってくる。悲嘆に暮れる人たちは、自分の言葉が否定されたり、批判されたりすると、「誰も自分の気持ちはわかってくれないのだ」と感じて、さらに気分が落ち込むことになる。

　そのとき、スタッフが大切な人との死別を経験した人たちの言葉を否定せず、そのまま受け止めることで、その人たちの気持ちが幾分か楽になることも多い。ただし、「あなたの気持ちはよくわかります」と、安易な同意の言葉を返した場合は、かえって傷つけてしまうことがあるということも十分に承知しておく必要がある。

　スピリチュアルなケアは、いわばその人の心の奥底あるいは中核を成す部分に対するケアとなるため、なかなか容易ではない。それは、その人自身の生きる意味や広い意味での宗教的な問題に関わるものである。宗教的な問題である場合は、その人の信仰に関わる宗教者（キリスト教のチャプレン、仏教各宗派の僧侶など）が相談にのる必要がある。

COLUMN-4　臨終行儀

来迎図屏風
（大阪・清華堂による復元品）

　日本には、「臨終行儀」と呼ばれる死に際の作法があった。平安時代以降、日本人の多くが信じるようになった浄土教の儀式だ。

　死に瀕した病人は、北を枕に右脇を下にして横たえられる。部屋には香が炊かれて僧侶の読経が響き、家族は静かに見守る。泣いたり取りすがったりして極楽往生を妨げてはいけない。一世一代の正念場。病人の枕元には屏風が立てられる。そこに描かれているのは、観音菩薩の先導で仏たちを従え、紫雲に乗った阿弥陀如来の来迎図。阿弥陀如来の指からは五色の糸が畳まで垂れ、病人はその糸にすがって、高まる読経の中を西方浄土に旅立つというのが臨終行儀のクライマックスだった。

いのちの終わり

4-4　自　　殺

1　自殺とは

　自殺（suicide）とは「自分の意思により、自らの命を自分の手で絶つ行為」。第 2 次世界大戦時の日本軍の神風特攻隊や、イスラム過激派の自爆テロなどは、戦いの相手に確実なダメージを与えるために自分自身を武器として使用するという目的性の強い自死なので、一般的な意味での自殺とは区別される。

　江戸時代の武士の切腹は、自殺というより家名や職業上の名誉を守るため、衆人環視の中での屈辱的な処刑の代わりに、自宅での自死を選ぶことを許された特権的な死刑だとも言える。

　自殺に到るケースでは、遺書を残して、身辺整理をした上での覚悟の自殺はそう多くなく、自殺かパニック行動の結果か判断のつかない死の方が多い。本人にとっての耐えられない苦しみを、死ぬことで回避しようとするのだが、直前までビルの屋上で迷ったあげくにはずみのように飛び降りる。高齢の男性が妻を亡くし、病気になったことをきっかけにうつ病や精神疾患を発症して問題解決能力を失い、苦しみの果てに死を選ぶというケースは多い。

　安楽死にも「自殺幇助（ほうじょ）」という側面があるが、不治の病気のため、死を間近にひかえ、耐え難い死苦にあえいでいるという限定された状況下で、家族の合意のもと、法的に定められた手続きを踏まえ、専門家の手で最も苦しみの少ない手段で行われる特殊な自殺介助であり、これを一般的な自殺と同列に論じることはむずかしい（p.84、「安楽死」）。

2　自殺の現状

　警察庁の統計によれば、日本では 1998 年以降 2012 年まで年間 3 万人を超す自殺者があったが、少しずつ減りはじめ、2019 年には約 2 万人となった。

景気の回復、うつ病の早期発見治療などが減少の理由ともいわれている。しかし、減少したとはいえ、自殺者数は交通事故死（2019年、3,215人）の6倍以上で、青少年の死因の第1位。大きな社会問題である。2020年、新型コロナウイルス（COVID-19）感染拡大の影響により、日本の自殺者数は11年ぶりに増加に転じた。

　自殺者の70％以上が男性であり、女性は自殺を図っても未遂に終わることが多い。中でも40代から60代の中高年男性の自殺が多い。壮年期の男性は失業などで経済的に困窮し、自信を失い、うつ病を発症しやすい。

　うつ病と自殺者の増加には大きな相関関係がある。壮年期の自殺は、家族に大きな打撃を与え、遺された子どもの心的な傷の深さははかりしれない。高齢者の自殺は病苦によって誘発されることが多い。

　自殺者が増える曜日は月曜日である。つらい1週間が始まるブルーマンデーに比べて、気分が安らぐ土曜日には自殺者は少ない。これは男女ともに同じ傾向である。また、月別では5月が一番多く、12月が最も少ない。小中学生は夏休み後半から9月1日が危険のピーク。新入生や新入社員が「5月病」にかかることと関連がある。

　青少年の自殺では、学校での問題が自殺の引き金になるほか、思春期とも重なるために失恋も不安定なアイデンティティを動揺させやすく、他の年齢層に比べて自殺を誘発することが多い。しかし、自殺の原因をいじめや失恋に還元するのは危険で、報道などで短絡させることによる連鎖自殺、群発自殺を招く可能性がある。

　軽い自傷行為を繰り返すリストカッティングは、自殺未遂とまでは言えないが、将来自殺する確率は一般の青少年より高いことは留意すべきである。事故を起こすことの多い人も身を守る意識が低いので自殺の可能性がある。

3　自殺の多い国と地域

　世界的にみると毎年約80万人が自ら命を断っている。WHO（世界保健機関）の資料によると、自殺が多発するのは日本や韓国などを含む東アジア、東ヨーロッパ諸国、東アフリカ諸国であり、自殺が少ないのは、仏教

徒が多い東南アジア、イスラム教徒が多い中東諸国などである。主要12か国（アメリカ、イギリス、フランス、ドイツ、日本、イタリア、カナダ、ロシア、韓国、ノルウェー、スウェーデン、フィンランド）での調査によると、2014年度、いわゆる先進国の中で最も自殺死亡率が高かったのは韓国で、次いで日本。最少国はイギリスやイタリアとなっている。

しかし、世界全体の自殺の8割近くが、いわゆる開発途上国で発生していることを考えれば、過酷な気候条件や貧困問題にも目を向ける必要がある。

日本国内では、都道府県別に見た場合、青森・秋田・岩手県の東北三県の自殺率が際立って高い。寒さや日照時間の少なさ、経済的問題、高齢化などが理由として上げられる。東北以外には山陰地方や山梨県も自殺率が高い。都会の多い首都圏や近畿圏、中京圏は、自殺者数は多いが、自殺率は低くなっている。

4　自殺の原因は複合的

自殺の原因は単一ではない。環境や性格要因など複数の要素が複雑にからみあった結果の行動で、先述のように「いじめ」や「病気」だけに還元することはできない。ひどいいじめに遭っても不治の病にかかっても自殺しない人の方が圧倒的に多いのは、幼少期からの環境要因や、個人の気質など個別の複雑な要素が関わっていることを意味している。子どもの場合は、貧困や養育放棄など家庭内の問題も見逃せない。精神疾患は自殺したい気持ちを引き起こす。特に、うつ病患者の自殺率は非常に高いので、うつ病への理解を深め、治療を促すことは自殺防止と大きな関係がある。

「戦争は自殺を抑制する」という社会学者デュルケムの有名なテーゼがある。生命の危険にさらされている最中には自殺を図る余裕もないが、戦争が終わり、命の危険が去ると、特に敗戦国では、社会の混乱や経済的貧困、国民としてのプライドの喪失などで自殺者が増えることが多い。

5　自殺の連鎖

ウェルテル効果

　報道で増える若者の模倣自殺を指す社会学の用語で、18世紀末のゲーテの小説『若きウェルテルの悩み』を読んだ若者たちに、主人公をまねた自殺が急増した当時の社会現象に因んでいる。

　有名人の自殺の後には、しばしば青少年の模倣自殺が起こる。連鎖自殺には報道のあり方が大きく関連している。「いじめによる自殺」という見出しだけで、いじめに遭って悩んでいる中学生は、「自分も死んでいじめっ子たちを懲らしめてやろう」と思うこともある。メディアが、自我形成途上にある青少年の自殺を単一の原因に還元して報道するのは、同種の自殺を流行させる危険がある。

　WHO（世界保健機関）では、報道と自殺が大きな関係を持つことを踏まえ、自殺報道へのガイドラインを作成しており、以下は、そのまとめである。

自殺予防　メディア関係者のための手引き
— メディア関係者のためのクイック・リファレンス —

- 努めて、社会に向けて自殺に関する啓発・教育を行う。
- 自殺を、センセーショナルに扱わない。当然の行為のように扱わない。あるいは問題解決法の一つであるかのように扱わない。
- 自殺の報道を目立つところに掲載したり、過剰に、そして繰り返し報道しない。
- 自殺既遂や未遂に用いられた手段を詳しく伝えない。
- 自殺既遂や未遂の生じた場所について、詳しい情報を伝えない。
- 見出しのつけかたには慎重を期する。
- 写真や映像を用いることにはかなりの慎重を期する。
- 著名な人の自殺を伝えるときには特に注意をする。
- 自殺で遺された人に対して、十分な配慮をする。
- どこに支援を求めることができるのかということについて、情報を提供する。
- メディア関係者自身も、自殺に関する話題から影響を受けることを知る。

WHO「自殺予防　メディア関係者のための手引」（2008年改訂版日本語版）
訳　河西　千秋（横浜市立大学医学部精神医学教室）

6　自殺はなぜいけないか

「死んではいけない理由」には、今死のうとしている人を引き止めるほどの力はないが、予防教育や未遂者へのケアとしての意味はある。

命は自分のものではない

宗教的な理由

自殺を宗教的な理由で禁止する場合は、その宗教を信じていない人には意味を持たない。〈人間は神の被造物なので、神によって天に召される瞬間まで、与えられた命を守らなければならない〉という教えは、神を信じていない人の心には響かない。

親や家族が悲しむから

親もすでに亡くなっていて、悲しむ家族も友人もいない孤独な人にとっては引き止める理由にはならないが、仲の良い家族がいる場合には、落ち着いたときに家族と率直に話し合うことは防止効果がある。

社会倫理としての理由

社会はその成員の生命を相互に尊重しあうことで成立しているが、その基本は自分の命を守ることにある。刑法第202条には「自殺関与及び同意殺人」として、「人を教唆し若しくは幇助して自殺させ、または人をその嘱託を受け若しくはその承諾を得て殺した者は、6月以上7年以下の懲役または禁錮に処する」と書かれている。いくら本人の望みであっても、「はい、それでは自殺させてあげましょう」と実行に移すことは罪になるのである。この条項があること自体、自殺が社会倫理的に容認されるものではないことを示している。

自殺をしようとする心理は病的な状態

ネットの質問に「なぜ自殺は悪なのか」「死にたいという人をなぜ引き止めなければならないのか」という問いかけがあり、莫大な数の回答が寄せら

れていた。「自殺肯定派」の質問者はその回答のひとつひとつに反論しているのだが、その中に以下のような答えがあり、ある種の説得性があった。

> 　私なら止めますよ。というより救助します。赤十字救急指導員ですから。生物は、自らの身を守るという本能を持っています。ミドリムシだって、突つけば逃げるんです。
> 　その本能が阻害されているということは、これは病気なんです。その病気による致死的な症状が『自殺』ということなんです。病気は救わなくちゃいけません。治さなくちゃいけません。助けなくちゃいけないんです。自殺は『悪』じゃないんです。自殺は、がんや心筋梗塞などと並ぶ、現代の病気なんです。自殺が悪だとすれば、それは心と体を蝕む病巣として悪性ということです。

7　自殺の防止

　WHOの自殺予防に関する特別専門家会議は、自殺は個人や社会に内在する多くの複雑な原因によって引き起こされるが、「自殺は予防できる」とし、自殺防止のための学校教育やメディアへの規制についてガイドラインを発表している。

　①うつ病・アルコール薬物依存など自殺を引き起こす病気を治療する
　現在では、自殺者や自殺志願者の90％以上がうつ病などの精神疾患にかかっているといわれている。こうした疾患を治療することが自殺防止の一番の近道である。

　②自殺の前兆に気づく
　「死にたい」とはっきり口に出して言わなくても、「人生に疲れた」「生きるのが面倒になった」などの自殺をほのめかす言葉を発することが多い。高齢者の場合は、身体的な不調の訴えが多いと自殺の危険性も高まるといわれる。煙草やアルコールの量が急に増える、事故を起こしやすくなるなど、生

命を軽視した捨て鉢な行動に出ることも危機的な状況を意味することがある。

③自殺報道を規制する

WHOでは、メディアによる自殺報道のガイドラインを出している（p.78）。日本のメディアは連鎖自殺を予防するための規制を敷くことがなかったので、センセーショナルな報道や自殺者の家族についてプライバシーを配慮しない週刊誌なども多い。最近では、報道機関が自主規制してもインターネット上で、自殺の方法についての詳細な記述などが流れる。列車への飛び込み自殺の場合は、車体の修理費用、運休や遅延による損害に対して、遺族に損害賠償を請求されることもありうる。

④未遂者への継続したケア

自殺未遂者の3分の1ないし4分の1は、数年以内に再度自殺を企て、その3分の1はほんとうに死んでしまうという。自殺未遂者は、最も危険な自殺予備軍だ。特に未遂行為後の3カ月前後が危ないといわれる。未遂後も継続して観察し、手を差し伸べる援助者が必要だ。

⑤自殺に対する社会の偏見をなくす

自殺を賛美したり、逆に自殺者の遺族をいじめたりする極端な反応ではなく、冷静な態度で自殺報道に接し、問題点を考えることが大事である。自殺した隣人の家族へのいたわりなどが自然にできることが、成熟した反応だということができる。

8　友人が「自殺したい」と言ったら……個人としてできること

説教や正論で追い詰めない ― 傾聴する

大事なことは、「ばかなことはやめろ」「親が悲しむよ」「生きていれば良いこともある」と説教をしないことである。説教は正論なので反論できないし、訴えた人が理解してもらえなかったと感じることが多い。それよりも共感をもってひたすら話を聴くことの方が効果的だ。

ひとりにしない

できるだけ、親しい友人たちと連絡を取り合い、ひとりにしないように気をつける。

会う約束を取り付けることが、自殺の決行を引き延ばすのに有効なこともある。自殺しようと思いつめる人は律儀で真面目なタイプが多いので、約束を守るためにだけでも死なないことがあるからだ。

専門家の手を借りる

仲間だけで友人の自殺を引き止めるのは難しい。大学相談室のカウンセラーや精神保健福祉センター、「いのちの電話」（24時間対応の自殺防止のための電話相談）などに連絡して、どうすればよいのかをアドバイスしてもらうなど、危機介入の専門家の手を借りる方が安全だ。

「秘密厳守」を約束しない

友人に誰にも言わないでほしいと頼まれても、「そういうわけにはいかない」と断って、自分が心から相手のことを心配していることを伝えながら、専門家や人生経験の多い大人に相談すること。

□ゲートキーパー養成研修を受けてみよう

　ゲートキーパーとは英語で「門番」の意味。内閣府が2007年より自殺防止策のひとつとして導入した取り組みだが、これは資格や免許ではない。職場の同僚や友人・知人など身近な人の自殺の危険なサインを見逃さず、しっかり関わって適切な対応をし、日常生活の中で自殺予防の啓発と実践をする人たちを指す言葉。別称「ほっとけないさん」。福岡市精神保健福祉センターでは、自殺予防問題の専門家を派遣し、職場や地域や学校で「出前講座」を開催している。あなたも研修を受けてゲートキーパーになりませんか？

■資料25：自殺に関する相談窓口
厚生労働省、全国の精神保健福祉センター一覧：https://www.mhlw.go.jp/kokoro/support/mhcenter.html
一般社団法人 日本いのちの電話連盟：https://www.find-j.jp/zenkoku.html

4-5　安楽死・尊厳死

1　SOL と 2 つの QOL

SOL（sanctity of life）と QOL（quality of life）

医療行為を支える倫理的価値観として SOL と QOL が考えられる。さらに "QOL" の "L"（life）を「生活」とするか、「命（生命）」とするかで、QOL の理解の仕方が違ってくる。

- SOL：命の神聖性・尊厳性。命のかけがえのなさ。
- QOL：
  - 生活の質（生の中身の質。日常生活の満足度や幸福感）
  - 命の質（命を質的に区別。〈生きるに値する命／生きるに値しない命〉）

命の尊厳としての SOL

SOL は「人の命はそれ自体で価値があり、なにものにも代えがたい」という思想を表す。この価値観は、治癒や延命といった、従来の医療行為の基礎となってきた。しかし、こと終末期（死が目前に迫っている時期）においては、あらゆる手段を用いて患者の命をできるだけ長らえさせようとする「延命治療」という医療行為につながる。ここに、現代医療の問題点が生じることになる（後述）。

「生活の質」としての QOL

生活の質とは、患者の日常生活の満足度や幸福感の度合を意味する。たとえば、末期がんなどで治癒の見込みがない場合、無意味な延命治療や蘇生術は患者に QOL（生活の質）の低下を強いることになる。生活の質としての

QOLの向上を目指すことは、緩和ケアの目標と重なる。WHOの発表した「緩和ケアの定義」（p.63）では、「QOLの向上」「死を早めたり引き延ばしたりするよう意図しない」「死に至るまで患者ができるかぎり積極的に生きることを助ける支援体制を差し伸べる」など、終末期を迎えた患者にとってより望ましい生が送れるよう支援する主旨のことが述べられている（「緩和ケアの定義」によると、さらにその患者の家族もケアの対象となる）。

「命の質」としてのQOL

命の質とは、命そのものに質的な（内容的に対立する）違いを認めることを意味する。具体的に言えば、それは、人間の生命を、生きるに値するか、それとも生きるに値しないかで区別することである。そのとき、患者自身が自分の命を後者（生きるに値しない）とみなすことは安楽死や尊厳死を選択することへとつながる。

2　安楽死と尊厳死

ここでは、各国の安楽死・尊厳死をめぐる状況を確認したうえで、安楽死制度化の是非について考えよう。

安楽死・尊厳死の定義

「安楽死(euthanasia)」と「尊厳死(death with dignity)」は、死に至る手段の違いによって分けられ、安楽死はさらに、誰が致死薬を用いるのかによって「積極的安楽死」と「自殺幇助」に分類される。

- 安楽死：医師が致死薬を用いて患者を死なせること
    積極的安楽死：医師が患者に致死薬を投与する
    （医師による）**自殺幇助**：医師が準備した致死薬を患者自ら服用する
- 尊厳死：延命治療をしないことで患者を死に至らせること。大きく分けて「延命治療の不開始（差し控え）」と「延命治療の中止」の2つの場合がある。

「安楽死」という言葉は、ギリシャ語のeu（よい）＋thanatos（死）に由来する。安楽死は目的（何のためか）の違いによって、その「よさ」の意味が変わる。

ひとつは、苦痛から解放するために安楽死が必要であり、苦しんで生きるより「死んだ方がまし」という考え方である。

もうひとつは、長く生きて「人生もう十分」と思えるなら、満足して人生を終わらせるために、安楽死が必要という考え方である。

3　尊厳死

延命治療と尊厳死

近年の医療技術の進歩によって、根治できない病気や末期がん患者などの延命が可能となった。延命治療を中止することで、人為的に生を引き延ばさず自然な死を迎えるのが尊厳死である。無理に闘病せず、緩和ケアを組み合わせながら安らかに死ぬ「平穏死」をとなえる人もいる。

延命治療

延命治療とは、患者の治癒・回復でなく生命の延長（死なないこと）を目的とした医療である。代表的な延命治療として次のものがある。

- 人工栄養：輸液、経鼻胃管、胃ろう・腸ろうなどによる、口からうまく食べられなくなった患者に行う栄養法。
- 人工透析：腎臓の機能を人工的に代替すること。血液透析、腹膜透析などがある。
- 人工呼吸：気道を確保し人工的に空気（酸素）を送り込むこと。挿管や気管切開を行い、人工呼吸器につなぐ。
- 心肺蘇生（CPR）：心臓マッサージや人工呼吸によって心停止状態から蘇生させること。

尊厳死が問題になる場合、延命治療を受けている患者本人に意識がなく意思表示ができない状態が想定されていることが多い。アメリカでのカレン事件（1976 年、人工呼吸器の取り外し）、ナンシー・クルーザン事件（1990 年、栄養補給の停止）は法的手続きに基づいた初期の尊厳死の事例であるが、いずれも亡くなった本人は意識不明の状態であった。
　そのほか延命治療に関しては、意識はあるが意思表示能力のない認知症患者に対して胃ろうを造設し栄養補給することの適切性の問題が挙げられる。また、人工呼吸器をつけているが意識があり意思表示もできるALS（筋萎縮性側索硬化症）患者からの人工呼吸器の取り外しの是非などの問題もある。

尊厳死をめぐる状況

　現在、尊厳死は、世界中のほとんどの国で容認され実践されている。日本でも 2007 年に厚生労働省の「終末期医療の決定プロセスに関するガイドライン」（2015 年「人生の最終段階における医療の決定プロセスに関するガイドライン」に改訂）において、患者本人の自己決定を基本原則としながらも、意思確認ができない場合には、家族が患者の意思を推定したり患者の最善の利益を考量して、治療停止を決定することが定められた。日本救急医学会などでも延命中止を可能にするガイドラインが定められている。
　しかし、尊厳死の条件を本人の意思表示のある場合にのみ限定するべきか否かはなお大きな問題である。2012 年 3 月、超党派の議員連盟「尊厳死法制化を考える議員連盟」が、終末期患者本人の希望によって延命治療中止をした場合に医師は免責されるという法案を国会に提出した。法制化に際しては、家族に権限をどれだけ与えるかが問題となるだろう。

事前指示書

　意識のない患者の意思を尊重するための書類として「事前指示書（アドバンス・ディレクティブ）」や「リビング・ウィル」がある。事前指示書とは、患者と医師との間で治療の種類や程度、代理決定者などをあらかじめ取り決めておく書類である。リビング・ウィルは、延命治療の拒否等をあらかじめ文書で意思表示しておくものである。

リビング・ウィルは日本では法制化されていないので、医師はこれに従う義務を負わず、家族によって患者の意思が覆される余地がある。それゆえ「日本尊厳死協会」などの団体は死の自己決定権の確立を目指し、リビング・ウィルの法制化を目指している。

4　安楽死をめぐる各国の状況

安楽死をめぐる諸外国の状況

スイスでは1942年以来、医師の「利己的動機に基づく自殺幇助」を禁止する刑法の条文を「利己的動機ではなく、患者の利益のために行う自殺幇助であれば刑法に抵触しない」と解釈する「ディグニタス」などの非営利団体によって自殺幇助が行われている。しかし近年、改めて合法化しようという動きがあり、スイス全体での法制化にこそ至らなかったが、チューリヒ州では自殺幇助禁止法案が否決され、2012年にはついにヴォー州で自殺幇助法

■資料26：リビング・ウィル（日本尊厳死協会）

尊厳死の宣言書
（リビング・ウイル　Living Will）

協会記入欄
登録番号
登録日

私は、私の傷病が不治であり、かつ死が迫っていたり、生命維持措置無しでは生存できない状態に陥った場合に備えて、私の家族、縁者ならびに私の医療に携わっている方々に次の要望を宣言いたします。

この宣言書は、私の精神が健全な状態にある時に書いたものであります。

したがって、私の精神が健全な状態にある時に私自身が破棄するか、または撤回する旨の文書を作成しない限り有効であります。

① 私の傷病が、現代の医学では不治の状態であり、既に死が迫っていると診断された場合には、ただ単に死期を引き延ばすためだけの延命措置はお断りいたします。

② ただしこの場合、私の苦痛を和らげるためには、麻薬などの適切な使用により十分な緩和医療を行ってください。

③ 私が回復不能な遷延性意識障害（持続的植物状態）に陥った時は生命維持措置を取りやめてください。

以上、私の宣言による要望を忠実に果たしてくださった方々に深く感謝申し上げるとともに、その方々が私の要望に従ってくださった行為一切の責任は私自身にあることを付記いたします。

年　月　日

自　署
フリガナ
氏　名　　　　　　　　印　明治・昭和　年　月　日生
　　　　　　　　　　　　　　大正・平成
住　所　□□□-□□□□

が成立した。

アメリカではオレゴン州で1994年の「尊厳死法」の成立により、「自殺幇助」が合法となった。その後、ワシントン州、モンタナ州（2009年）、バーモント州（2013年）、ニューメキシコ州（2014年）、カリフォルニア州（2015年）、コロンビア特別区（2016年）で「自殺幇助」が合法化されている。また、北米ではカナダで2016年に「積極的安楽死」「自殺幇助」が合法となった。さらにオーストラリアのビクトリア州でも2017年に「積極的安楽死」「自殺幇助」を合法化する法律が可決され、2019年に施行されることになっている。

オランダでは、1993年の「遺体埋葬法」改正により、条件つきで医師による「積極的安楽死」「自殺幇助」が実質的に可能となり、2001年の「安楽死法」の成立で改めて本格的に認定された。2002年には、ベルギーでも「安楽死法」が可決され、「積極的安楽死」が合法化された。2009年に、ルクセンブルクで「積極的安楽死」「自殺幇助」ともに合法化された。

安楽死容認の条件

致死薬などを用いて患者を死亡させるような安楽死は、患者の依頼（嘱託）に基づくため、法的には「嘱託殺人罪（あるいは自殺幇助罪）」に相当する。それゆえ、安楽死合法化の議論はどんな条件の下でなら安楽死を認めてよいかという議論になる。

横浜地裁の4条件（日本）

日本には安楽死を認める法律はないが、東海大学附属病院安楽死事件の裁判で横浜地方裁判所は積極的安楽死の違法性を阻却するための4つの条件を提示した。ただし、下級審の判決であり、またその後、この条件を満たすよう実施された安楽死事件も起こっていないため、この判決でもって日本で安楽死が合法化しているとは言い難い。

①耐え難い肉体的苦痛がある ／ ②死期が迫っている ／ ③苦痛を取り除く方法が他にない ／ ④患者の意思表示がある

安楽死法の6条件（オランダ）

オランダ安楽死法の特徴は、苦痛の種類を肉体的苦痛に限定しない点、患者の死期が迫っていることを条件としない点である。これによって、たとえばアルツハイマー病の患者などの安楽死も可能となった。

①患者の安楽死要請は自発的で熟慮されていた
②患者の苦痛は耐え難く治癒の見込みがない
③医師は患者の病状や見込みについて十分に情報を与えた
④医師と患者が共に、ほかの妥当な解決策がないという結論に達した
⑤医師は少なくとも一人の別の医師と相談し、その医師が患者と面談して要件を満たしているという意見を示した
⑥医師は十分な医療上の配慮を行って患者を絶命させた

しかし、オランダではこの要件でも厳しいと考え、高齢者が自らの人生に満足してこの世を去るために、老衰など病気の苦痛がない場合でも安楽死ができるようにすべきだという人々もいる。

オレゴン州尊厳死法（自殺幇助）

アメリカ、オレゴン州では、以下の条件を満たす場合、医師は患者に致死薬を処方できる（投与は禁止）。自殺幇助が合法な他の州でもおおよそ同じである。

①患者の余命が6カ月未満の末期患者である
②患者は意思決定および意思伝達能力を持たなければならない
③医師から十分な説明をうけている
④患者が任意に死亡したいという意思を表明している
⑤主治医の他に顧問医による診断がある

積極的安楽死は違法で医師による自殺幇助のみが合法であるのは、意思表示だけでなく、死ぬという行為の実行まで含めて自己決定であるという考えからである。

5　安楽死制度をめぐる議論

安楽死制度はその是非をめぐってはさまざまな議論がある。

安楽死制度肯定論

安楽死や尊厳死は延命治療より人道的な行為である

患者を死なせて苦痛を終わらせる安楽死よりも、自然死や尊厳死の方が患者の苦痛を長引かせる残酷で非人道的な行為である。従って、安楽死を制度化すべきとする立場である。

安楽死制度は社会全体の善を増大させる

安楽死制度を認めると、安楽死を望む者は安楽死で、それを望まない者は自然に亡くなるので、皆が欲求どおりの死を迎えることができる。だから、安楽死を認めた方が、死に方に関して社会全体の幸福量（欲求の満足の総計）が増大するのでよい。これは、功利主義と呼ばれる立場に基づいている。

安楽死導入によって、社会全体の医療費を削減できる

高齢者にかかる社会保障費（介護、医療費）は増加の一途をたどっている。高齢者や重い病人が長生きを望まず死を選べば、それだけ若い世代の負担が減ることになるだろう。だから安楽死・尊厳死を制度化し、早めの死を選んでもらうのがよい、という考えである。これに対しては、命と金銭を天秤にかけることへの批判や、社会が病人や高齢者という弱者に死を迫ることになるという批判がある。

安楽死制度否定論

滑り坂論による批判

「滑り坂論」による安楽死批判がある。これはいったん危険な行為が容認されると、以後は下り坂を滑り落ちるように最悪のケースへと達することを指摘するものである。

いのちの終わり

安楽死は生存の可能性を摘み取る行為である

生命が人間にとって最も重要な価値であるとすれば、延命治療や尊厳死は生存の可能性をわずかでも残す点で安楽死に比べて擁護できる。安楽死は生存可能性を意図的に完全に絶ってしまうので制度化は否定されるべき、という考え方である。

命は所有物ではない

「私の命は私のものだから自分の好きにしてかまわない」という命の所有権から、安楽死の権利が肯定される。所有権をもつことは処分権をもつことを意味する。それゆえ、私は私が所有している命を処分する（安楽死する）権利も持っているという主張である。

これに対しては、命は私一人の所有物ではないという反論（p.79、「命は自分のものではない」）や、そもそも命は所有物とは考えられないという批判がある。

また、安楽死を命という所有物の処分と考えず、生という活動を自ら終わらせ完成させる死の自己決定と捉えることで、安楽死の権利を主張できるという考えもある。

安楽死の権利

ここで、権利の意味を考えてみよう。権利とは他者に義務を負わせる法的な力を意味する。どのような義務を他者に負わせるかによって権利の内容が変わってくる。

作為義務

まず、他者にその行為を実現させるよう働きかける義務（作為義務）を負わせる権利として安楽死の権利を考えると、人々の安楽死の要求を実現するために医師（最終的には国家）は患者を安楽死させる義務を負うことになる。この場合、医師は患者の安楽死を拒否することができない。この意味での安楽死の権利を認めている国は現在ない。

不作為義務

一方、職業選択の自由のように、ある事柄について当事者の合意のもと契約を行うことに対して、他者にその契約を妨げない義務（不作為義務）を生じさせる権利を考えることができる。

この場合、安楽死の権利は、患者が安楽死させる医師との合意の安楽死を実施することを妨げられない自由を持つことを意味する。現在、安楽死が合法化している国では、この意味での安楽死の権利が認められていることになる。

COLUMN-5　尊厳死と安楽死をめぐる裁判

カレン事件（p.86）

延命治療の中止を求めたはじめての裁判として知られる。これによって尊厳死が世界中で注目されるようになった。

1975年4月15日、当時21歳のカレン・アン・クインランは急性薬物中毒で意識不明となる。呼吸停止の状態に陥ったため、人工呼吸器が装着された。一命はとりとめたものの、意識は戻らず、寝たきりのままの状態となった（遷延性植物状態）。

両親は、娘が尊厳をもって死ねるよう、主治医に延命治療の中止を申し出たが、拒否されたため、裁判に訴えた。最高裁判所の判決により、人工呼吸器が取り外された（栄養補給は続けられた）。しかし、両親の意に反し、その後もカレンは約9年間生き続けた。

東海大学安楽死事件（p.88）

1991年5月、東海大学附属病院で、医師が家族の強い要望により当時58歳だった男性患者に致死薬を注射して安楽死させた事件。それまでにも家族の手による安楽死事件が起こっていたが、医師が被告となる安楽死裁判は、日本ではこれがはじめてである。

当時患者は末期がん（多発性骨髄腫）で意識のない状態だった。介護していた家族は、点滴やカテーテルを抜いて、治療を中止するよう申し出た。はじめ拒否の態度を示していた医師は、度重なる家族の要請に押され、カテーテルを抜いた。

その後患者はいびきをかくような深い呼吸をしはじめた。家族は、患者が苦しむ姿を見ていられない、早く楽にさせてやってほしいと医師に迫った。医師は塩化カリウムなどを注射し、患者を死なせた。

その後、医師は東海大学から懲戒解雇され、1992年7月に検察官により殺人罪で起訴された。裁判の結果、懲役2年、執行猶予2年の判決で有罪となった。

安楽死の違法性を阻却するための条件がはっきりと提示されたという点でも、画期的な裁判であったといえる。

（『安楽死のできる国』、三井美奈、新潮新書、2003年、168-9頁を参照した）

いのちの終わり

4-6　死刑と裁判員制度

1　死刑とは

　死刑とは、法を侵した犯罪者に対して刑罰として国家により与えられる死である。

　日本では、刑法で「死刑は、刑事施設内において、絞首して執行する」（11条1項）と規定され、殺人罪などの凶悪犯罪に適用されている。諸外国でも同様に殺人罪をはじめとした凶悪犯罪を中心に適用されている。国家が人の命を奪うという事の重大さゆえに、死刑制度の是非は古くから問題にされてきた。死刑制度の現状と、その制度の存廃（継続と廃止）とについてどのような意見があるのかを知り、改めて死刑の是非を考えてみよう。

裁判員制度と死刑

　日本では裁判員制度が導入され、2009年5月から実施されている。裁判員制度とは、国民が事件毎に選出された裁判員として刑事裁判に参加し、被告人が有罪かどうか（事実認定）、有罪の場合どのような刑罰を与えるか（量刑）を裁判官と一緒に決める制度である。一般市民が裁判に参加する裁判員制度に似た仕組みとして、アメリカにおける有罪か無罪かの事実認定のみを行う陪審員制度などがある。

　日本における裁判員裁判の対象は、死刑や無期懲役が問題になるような重大犯罪に限られている。裁判員候補者には最大8千円以内の日当が支給さ

■資料27：裁判員制度と類似の制度との比較

	裁判官関与	法律問題（法解釈）	有罪無罪	量刑	任期	選任	採用国
裁判員制度	裁判官と共同	判断しない	判断する	判断する	事件ごと	無作為	日本のみ
陪審制度	陪審員のみ	判断しない	判断する	判断しない	事件ごと	無作為	アメリカなど
参審制度	裁判官と共同	判断する	判断する	判断する	任期制	団体等推薦等	ドイツ、フランスなど

れるが、裁判員候補者が裁判所の呼び出しに正当な理由なく応じない場合10万円以下の過料に処せられる。また、裁判員には最大1万円以内の日当が支給されるが、裁判員は評議の内容や関係者のプライバシー等に対して守秘義務を負い、これに違反すると役目を終えた後であっても罰金刑が科せられる。審理においては重大事件を扱うため、必要な場合に凄惨な事件現場の写真を見ることや、人の一生を左右する判断への責任感もあり、それらが重い負担になりうる。

死刑廃止国と存置国

死刑存置国には、アジア諸国、イスラム諸国（中東、アフリカ中部）が多い。存置国が多い東アジアの中でも、韓国は1997年から死刑の執行停止を継続しており、事実上の死刑廃止国になっている。

死刑廃止国には、ヨーロッパ、アフリカ北部、アフリカ南部、南北アメリカ（アメリカ合衆国は一部の州）、オセアニアが多い。

ヨーロッパではヨーロッパ連合（EU）が人権政策の一環として加盟国に対して死刑廃止を義務付けている。1989年に国連総会で「死刑の廃止を目指す『市民的及び政治的権利に関する国際規約』の第2選択議定書」（死刑廃止条約）が採択され、国際社会においては死刑廃止がひとつの潮流である。

日本では、死刑執行は例年数件ずつで推移しているが、2020年は2011年以来の執行件数ゼロであった。その一方で、2008年および2018年は1976年以降では最多の15人に対して死刑が執行された。2018年は地下鉄サリン事件等の首謀者であるオウム真理教関係者の死刑執行が多数なされたためである。諸外国との関係では、日本は死刑廃止条約に批准しておらず、死刑廃止にむけて行動するよう国連人権規約委員会に勧告を受けている。

■資料28：死刑存廃国の数と割合（2019年）

死刑存置国	56カ国	28.3%
法律上、事実上の死刑廃止国の合計	142カ国	71.7%
あらゆる犯罪に対して死刑を廃止している国	106カ国	53.5%
通常の犯罪に対してのみ死刑を廃止している国（＊1）	8カ国	4.0%
事実上の死刑廃止国（＊2）	28カ国	14.1%

アムネスティ・インターナショナル日本「2019年の死刑判決と死刑執行」（2020年）より作成
＊1 軍事下のような特殊な状況以外での死刑を禁止している国
＊2 死刑を法制度上は維持しているが政策や国際公約によって過去10年間に執行していない国

2　死刑存置論

　死刑を廃止せよという廃止論と死刑を維持すべきであるとする存置論をまとめて「存廃論」という。まず、死刑存置論を検討する。

同害報復

　「人を殺した者は殺されて当然だ」。これは、「目には目を歯には歯を」という同害報復の考えであり、起こった犯罪に対してそれに釣り合った報いを与えることに刑罰の意味を求める応報刑の考え方のひとつである。この論理は「命には命を」という死刑肯定の根拠になる。

　しかし、応報刑の考えが必ず「命には命を」の立場になるわけではない。同じ考えから、「殺人ほど重い罪ならば、死刑ではむしろ軽すぎる」「1人殺しても100人殺しても同じ死刑では不平等」といった反論が考えられる。

復讐心（報復感情）の満足

　「家族を殺した犯人を死刑にしなければ遺族の気がすまない」。これは、死刑が無ければ犯人に対する被害者家族の復讐心（報復感情）が満足されず、気持ちのやり場がなくなってしまうので死刑が必要だ、という考えである。現に、無期懲役の判決を聞いて「悔しくて涙も出ませんでした」と語る被害者家族がいる。

　日本の刑事裁判にはいわゆる「永山基準」という死刑適用のルールがある。この基準には遺族の被害者感情が考慮すべき項目として含まれているが、これまでの裁判では被害者の数といった客観的に評価される項目のみが重視され、被害者側の感情はないがしろにされてきた、という批判も多い。

■資料29：死刑適用基準（永山基準）

連続4人射殺事件の被告であった永山則夫の第1次上告審判決（1983年7月）で、最高裁が無期懲役の2審判決を破棄した際に示された。(1)犯行の罪質、(2)動機、(3)態様、とくに殺害の手段方法の執拗性・残虐性、(4)結果の重大性、特に殺害被害者数、(5)遺族の被害感情、(6)社会的影響、(7)犯人の年齢、(8)前科、(9)犯行後の情状の9項目を考慮して、その刑事責任が極めて重大で、罪と罰の均衡や犯罪予防などの観点からやむを得ない場合に死刑は許される、とした。

だが、被害者遺族の感情はそんなに単純だろうか。「加害者には生きて苦しみ続けてほしいから」と死刑を望まない遺族もいる。また、感情の一側面にすぎない復讐心の満足では被害者遺族は癒されないという考えから死刑に反対する立場もある（資料30）。

死刑の犯罪抑止効果

　「死刑がなければ犯罪が増えるのではないか」。刑罰の目的は犯罪の発生を抑止することである、という抑止刑論の立場であり、死刑があることで犯罪の発生が抑えられているとする考えである。

　死刑の抑止効果に対して、これを疑問視する様々な研究・統計がある。一方で抑止力についての社会調査には、統計手法の不備や、データの取り扱いが難しいという問題もある。

　また、犯罪者の心理に注目して、死刑の存在は犯罪の実行に決定的な影響力を及ぼさないという意見がある。さらに、死刑になるために犯罪を起こす自殺目的の犯行もある。

■資料30：修復的司法
被害者側の損害を回復させることを正義の実現と考える立場。ここで損害の回復とは、経済的な援助だけでなく、悲しみなどの心の傷や憎しみ・怒りを癒すことも含む。アメリカでは、和解のために被害者に加害者当人や類似の犯罪者を引き合わせる「修復的司法プログラム」が行われ、殺人事件の被害者遺族と死刑囚とが一緒に旅行する「ジャーニー」というイベントも存在する。

■資料31：刑罰の意味づけ

- 応報刑論……刑罰は過去の犯罪に対する報い
- 目的刑論……刑罰は未来の犯罪の発生を抑止するという目的のための手段
    - 抑止刑論……刑罰の目的は、刑罰の存在によって社会の人々が更なる犯罪を起こさないようにさせること
    - 教育刑論……刑罰の目的は、犯罪者自身を反省させ更なる犯罪をさせないように教育すること

最高刑の重さ

「死刑を廃止すれば刑罰全体が軽くなってしまう」「死刑を廃止すると仮釈放付きの無期懲役が最も重い最高刑になる。これでは犯罪と刑罰の重さのバランスが崩れるので死刑を廃止するのはよくない」という意見である。

これに対して、廃止派は代替刑を提案する。仮釈放までの期間が問題であれば死刑廃止に際して仮釈放に必要な服役期間をより長くする、あるいは仮釈放なしの無期刑（重無期刑、終身刑）を導入するという案もある。他には、併合罪を単純加算するアメリカのように懲役100年などといった超長期の有期刑を可能にすることも考えられる。

ただし、重無期刑を導入して仮釈放の希望なしに自由を制限し死ぬまで刑務所に閉じ込めることは、死刑と同等かそれ以上に残虐だという人道的観点からの批判がある。

■資料32：死刑制度に対する意識（『基本的法制度に関する世論調査』内閣府 令和元年度）

	死刑を廃止すべき	9.0%
死刑を廃止すべき理由（複数回答）	裁判に誤りがあったとき、死刑にしてしまうと取り返しがつかない	50.7%
	生かしておいて罪の償いをさせた方がよい	42.3%
	死刑を廃止しても、そのために凶悪な犯罪が増加するとは思わない	32.4%
	人を殺すことは刑罰であっても人道に反し、野蛮である	31.7%
	国家であっても人を殺すことは許されない	31.0%
	凶悪な犯罪を犯した者でも、更生の可能性がある	28.2%
	その他	2.1%
	わからない	2.1%
	死刑もやむを得ない	80.8%
死刑を存置すべき理由（複数回答）	死刑を廃止すれば、被害を受けた人やその家族の気持ちがおさまらない	56.6%
	凶悪な犯罪は命をもって償うべきだ	53.6%
	凶悪な犯罪を犯す人は生かしておくと、また同じような犯罪を犯す危険がある	47.4%
	死刑を廃止すれば、凶悪な犯罪が増える	46.3%
	その他	1.6%
	わからない	2.5%
	わからない・一概に言えない	10.2%

刑務所運営のコスト

「もし死刑を廃止しても代替刑が仮釈放のない無期刑であれば、タダ飯食らいを養って税金の無駄遣いをするだけだ」という存置派からの批判がある。刑務所の運営には試算によっては受刑者1人当たり年間80〜280万円かかるという。

しかし、これに対しては、たとえば治安のための公共投資として税金を投入し刑務所施設を増やしたり効率的な運営を進めたりするなどの対処ができるかもしれない。

3　死刑廃止論

次に死刑廃止論の論点を検討しよう。

犯罪者の人権

「犯罪者であっても人間である以上、生きる権利がある」。人々は生命に対する絶対不可侵の権利を生まれながらに持っており、たとえ犯罪者であっても人である限り死刑によって命を奪われることは不正であり許されないという議論である。死刑廃止条約やEU基本権憲章などは、人間は死刑を科せられない権利を持っていると宣言している。

人権団体もこのような観点から死刑制度廃止を主張しており、「そもそも人の命を奪うこと自体が残虐であって人道にもとる」から死刑は許されないと死刑の残虐さからも廃止が主張される。実際日本でも、日本国憲法が残虐

■資料33：死刑廃止条約（「死刑の廃止を目指す市民的及び政治的権利に関する国際規約の第2選択議定書」1989年国連総会採択）

「この議定書の締約国は、（中略）、死刑の廃止のあらゆる措置が生命に対する権利の享受における進展と考えられるべきであることを確信し、このため死刑を廃止する国際的な約束を行うことを希望し、次のとおり協定した。

第1条［死刑の廃止］

1　この議定書の締約国の管轄内にある何人も死刑を執行されない。

2　各締約国は、その管轄内において死刑を廃止するために必要なあらゆる措置をとる。」

な刑罰を禁止している点をめぐって、死刑が残虐か否か、死刑執行の方法（絞首）が残虐か否かが裁判で争われた。もっとも、この件について、最高裁判所の判決ではいずれも合憲とされた。

　何が残虐かについては議論の余地がある。さらに、いくら生きる権利が人権であるとしても、他人の人権を侵害した凶悪犯罪者の人権まで保障しなければならないわけではない、という意見もある。

心理的負担

　「死刑制度は、関係者に過度の心理的負担のかかる仕事を押し付ける非人間的な制度であるから廃止せよ」という主張がある。日本では、刑場に絞首刑を作動させるボタンが3つあり、3人の刑務官が同時に押す仕組みとなっている。これは、誰が手を下したのかをわからなくして、刑を執行したことへの心理的負担を軽減させるためである。とはいえ、このような装置が刑務官の大きな心理的負担を解消してしまうわけではない。

　また、執行する刑務官だけでなく、死刑判決を言い渡す裁判官にも心理的負担がかかる。熟練した裁判官でも判決に完全な確信をもてず苦悩する場合もあるという。同様の苦悩は、裁判員裁判でも生じる。実際に死刑が争われた裁判員裁判で、裁判員経験者が「しんどかった」「大変だった」「頭を悩ませた」「何度も涙を流してしまった」などとコメントしている。

　刑務官の負担に関しては、負担を減らす・無くすよう工夫すればよいという意見もある。裁判官や裁判員の負担に対するケアは今後の課題である。

■資料34：日本国憲法

　「第13条　すべて国民は、個人として尊重される。生命、自由及び、幸福追求に対する国民の権利については、公共の福祉に反しない限り、律法その他の国政の上で、最大の尊重を必要とする。

　第31条　何人も、法律の定める手続によらなければ、その生命若しくは自由を奪はれ、又はその他の刑罰を科せられない。

　第36条　公務員による拷問及び残虐な刑罰は、絶対にこれを禁ずる。」

教育刑論

「そもそも刑罰は犯罪者を更生させるためのものであり、死刑はその機会を奪うから廃止すべきだ」。これは教育刑論からの廃止論である。教育刑論とは、再び罪を犯さぬよう犯罪者に自らの罪を反省させ、社会の一員として復帰できるよう教育することを刑罰の目的とする考え方である。死刑は受刑者の命を絶つので、当人が更生して再び社会復帰することを予定しておらず、教育という要素と相容れない。それゆえ、死刑は妥当な刑罰でない。

また、教育刑論の立場からは仮釈放なしの無期刑も同様に否定される。仮釈放がなければ、教育することに意味がなくなるからである。

誤判の可能性

「冤罪だった場合に死刑は取り返しがつかない、誤判の可能性がある以上、死刑は廃止すべきである」という議論がある。あらゆる裁判制度には誤判の可能性がつきまとう。誤判によって無罪のものを死刑としてしまったり、もっと軽い罪であったのに死刑を下したり、という冤罪や部分冤罪が起きてしまうことがある。

死刑は受刑者の命を奪う。それゆえ、執行されてしまうと、後に誤判であることが判明しても冤罪被害者本人に対して何も補償することができず、取り返しがつかないといわれる。誤判の可能性は絶対にゼロにはできないので、この観点からの廃止論は強力である。

存置派からは、自由刑（懲役、禁錮など）によって奪われた時間も取り返しがつかないという反論がある。しかし、他の刑罰と死刑との取り返しのつかなさが同じであるかは異論のある問題だろう。

以上、死刑存廃についての主な論点を検討してきた。日本では裁判員制度によって誰もが死刑判決に関わりうる時代となり、国際社会からは死刑廃止が要求されている。誰にとっても、死刑の存廃は真剣な考察に値する問題だといえるだろう。あなたは、どんな理由から、死刑の存置や廃止を主張するだろうか。

いのちの終わり

4-7　動物のいのちを考える

1　日本における動物のいのちの扱い

犬や猫の殺処分について

　これまで、人間の生と死について学んできた。ここでは人間に飼われている動物の遺棄や殺処分について考える。日本には子どもの数より犬や猫のペット（コンパニオンアニマル）の数の方が多いが、引っ越しや飼い主の高齢化など飼えない事情ができて動物保護センターに持ち込む人が後を絶たない。ペットが年老いてケアが必要になったからという理由も多いとか。しかし、国や各自治体の取り組み、「動物の愛護及び管理に関する法律（動物愛護管理法）」による規制、マイクロチップの埋込など飼い主への啓発などにより、日本の犬猫の遺棄や行方不明が減り、また保護動物の譲渡件数も増えて動物の殺処分が激減している。

■資料35：犬・猫の殺処分数と譲渡数の推移

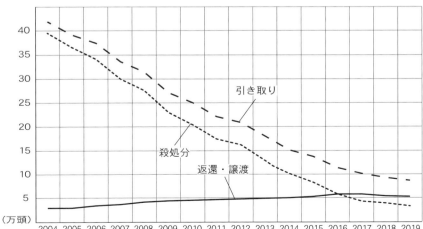

「平成16～令和元年度の犬・猫の引取り及び処分の状況」（環境省）より作成

犬猫の遺棄と殺処分の現状

環境省が公開している犬・猫の引き取り及び負傷動物の収容状況内の引き取り数、殺処分数、譲渡数データを見ると、少しずつではあるが、殺処分数が減って譲渡数が増えつつあることを確認できる。2019（令和元）年度は、日本国内で、5,635匹の犬と27,108匹の猫が殺処分された。5年前に比べると約3分の1に減っているが、生まれたばかりの子猫の引き取りが多く、飼い主の猫の不妊手術への公的助成が望まれる。

飼い主が犬を捨てる理由

引越し先がペット禁止なので ／ 犬が大きくなって可愛くなくなったから ／ 予定外の出産で、たくさん子犬が産まれてしまったから ／ 面白半分で繁殖したけど、子犬のもらい手がいないから ／ 言うことを聞かず、うるさいだけだから ／ 経済的に余裕がないから ／ 老犬の介護がしんどくて ／ ブリーダーをやめたので、犬たちが用済みになったから ／ 夏休みで長期の旅行に行くから ／ 思っていたより臭いから

以上、どの理由をとっても、飼い主の側に知識や予測さえあれば防げるものばかりだ。つまり犬や猫を捨てることに元来理由などなく、捨て犬・捨て猫とは飼い主の無責任と無知の代償を、犬や猫に押し付ける行為なのである。なお、殺処分される犬の3割は飼い主が持ち込んだものである。

どのように「処分」されるのか？

炭酸ガスによる窒息死。都道府県によってまちまちだが、5～20分かけて持ち込まれた動物を窒息死させる。一昔前はバットによる撲殺（脳天をバットで叩き割ること）、また劇薬（硝酸ストリキニーネ）を用いた毒殺が主流だったが、コストや職員の安全性を考慮して現在はほとんどの自治体において炭酸ガスによる窒息死が採用されている。殺処分の少ないセンターでは、麻酔注射で獣医が1頭ずつ眠るように処分するという方法を取っているところもある。

殺処分ゼロを目指すために

①命あるものを衝動買いしない

公正取引委員会の調査によれば、ペットと出会って24時間の内に衝動的に購入してしまう人の割合は、およそ13.5％と推計されている。

飼う際に必要な様々な条件、飼育費用、犬の問題行動、老化などの現実的な負担を、じっくり検討し準備をして飼いはじめることが必要。まずは条件が整うまで飼わないという自制心が重要だ。

②犬猫を迷子にしない　チップを埋める

保護されたら3日ほどで処分されてしまう。

③避妊手術をする

④近所に迷惑をかけないようにしつけをする

⑤犬や猫を飼うときは「ペットショップ」での購入ではなく、「保護センター」から譲渡してもらう。

行政の取り組み

最近、犬猫の殺処分ゼロ化に取り組む自治体が増えている。東京都千代田区は全国で初めて殺処分ゼロになった自治体。不妊・去勢手術費用は区が負担し、野良猫は地域猫として住民が世話をするなど地道な努力の結果だ。これに比べて、2019年度の福岡市の犬猫の殺処分数は犬30匹、猫266匹。10年間で約5分の1に減ったものの、依然として全国のワーストランキングに入っている。市では、2024年の殺処分ゼロを目指して、ペットショップに協力店制度を導入した。客に購入前にまず譲渡会で譲り受けることを勧めること、店の負担で販売前にマイクロチックを埋め込むことなどの協力を呼びかけている。

2　動物虐待はなぜいけないか

日本では「動物愛護管理法」によって、愛護動物（ペット）を殺傷した場合、2年以下の懲役または200万円以下の罰金が科せられる。虐待はもちろ

ん、捨てただけでも100万円以下の罰金となる。それでも、毎年多くの動物が飼い主に捨てられ、新たな飼い主が見つからずに殺処分されている。たしかにペットを捨てたりいじめたり殺したりすることは残酷であるが、なぜ懲役刑になったり莫大な罰金を払わされるほど悪いこととされるのだろうか。

動物の遺棄・虐待・殺害は、人間自身にとって良くないこと

ひとつの答えは、動物の遺棄や虐待や殺害は、人間自身にとって良くないことであるから、というものである。日本の動物愛護管理法は「動物による人の生命、身体及び財産に対する侵害」を防止することや、「国民の間に動物を愛護する気風を招来し、生命尊重、友愛及び平和の情操の涵養」することを目的としている。つまり、動物から人間を守ること、動物愛護を通じて人間が道徳的に向上することを目的にしている。動物愛護は動物のためというより、そうすることが人間のためになるからよい、というわけである。

動物の福祉

別の回答は、動物にも人間と同じように固有の価値があり、殺害や虐待はこうした価値を傷つけているから悪い、というものだ。この「動物にも固有の価値がある」という説にも2つの立場がある。

■**資料36：動物の愛護及び管理に関する法律**（一部抜粋）
第6章 罰則 第44条 愛護動物をみだりに殺し、又は傷つけた者は、2年以下の懲役又は200万円以下の罰金に処する。
2 愛護動物に対し、みだりに、給餌若しくは給水をやめ、酷使し、又はその健康及び安全を保持することが困難な場所に拘束することにより衰弱させること、自己の飼養し、又は保管する愛護動物であつて疾病にかかり、又は負傷したものの適切な保護を行わないこと、排せつ物の堆積した施設又は他の愛護動物の死体が放置された施設であつて自己の管理するものにおいて飼養し、又は保管することその他の虐待を行つた者は、100万円以下の罰金に処する。
3 愛護動物を遺棄した者は、100万円以下の罰金に処する。
4 前三項において「愛護動物」とは、次の各号に掲げる動物をいう。
 一 牛、馬、豚、めん羊、山羊、犬、猫、いえうさぎ、鶏、いえばと及びあひる
 二 前号に掲げるものを除くほか、人が占有している動物で哺乳類、鳥類又は爬虫類に属するもの

ひとつは、動物も人間と同様に苦痛を感じる存在であるので、無駄に苦痛を与えられてはならず、その福祉が尊重されるべきである、という「動物の福祉（animal welfare）」の考え方である。動物園における環境エンリッチメント（飼育動物の幸福な暮らしを実現すること）がその好例で、研究の対象や見世物にされることで動物が受ける苦痛・ストレスを最小限に抑えるために、ケージのサイズを大きいものにしたり、おもちゃを与えたりなど環境を改善する工夫がなされている。

この取り組みの根底には、「動物は配慮されるべき固有の価値を持つけれども、人間に利用されることはやむをえない」という態度がある。

動物の権利

「動物にも固有の価値あり」説の2つ目は、動物も人権（p.12）のような生きる権利や他者（ここでは人間）に隷従させられない権利を持つ、という「動物の権利（animal rights）」を主張するものである。この考えに立つと、動物は人間と同様に固有の道徳的価値を持つので、殺害はもちろん、動物園での飼育なども動物を不当に利用する虐待であり、権利の侵害に他ならない。家庭でのペットの飼育についても、人間の楽しみのための不当な飼育に該当するのかもしれない。

この「動物の権利」運動は極端な思想ではあるが、過激であるがゆえに畜産動物や実験動物の地位の向上などの成果をあげてきたのは確かである。

COLUMN-6　映画「いぬとねことにんげんと」
——子どもといっしょに考える人と動物の幸せ

　ホームレスを描いたドキュメンタリー映画の傑作「あしがらさん」の飯田基晴監督。ある高齢女性の「製作費は出すので不幸な犬や猫を減らすための映画を作ってほしい」という依頼で作った作品。犬猫の殺処分の現状と改善のための国内外の取り組みを追う。

　見捨てられた存在への飯田監督らしい真摯で優しいまなざしを感じるドキュメンタリー作品だ。小学校の授業に最適だが大人も十分に鑑賞できる。

参考文献

1-1 生命倫理の基本的な考え方

「倫理学とは何か」波多江忠彦、『改訂版 いのちを学ぶ―倫理として、福祉として、論理として』、木星舎、2011年
『看護実践の倫理―倫理的意思決定のためのガイド』、サラ・フライ著、片田範子、山本あい子訳、日本看護協会出版会、1998年
『教養としての生命倫理』、村松聡、松島哲久、森永審一郎編、丸善出版、2016年
『死を学ぶ 最期の日々を輝いて』、柏木哲夫、有斐閣、1995年
『生命医学倫理』、トム・ビーチャム、ジェイムズ・チルドレス著、永安幸正、立木教夫訳、成文堂、1997年
『生命倫理事典』、太陽出版、2010年
『生命倫理学を学ぶ人のために』、加藤尚武・加茂直樹編、世界思想社、1998年
『生命倫理と医療倫理』、伏木伸次編、金芳堂 2014年
『ナチスドイツと障害者「安楽死」計画』ヒュー・ギャラファー著、長瀬修訳、現代書館、1996年
『入門医療倫理 I』、赤林朗編、勁草書房、2005年
『比較「優生学」史』、マーク・B・アダムズ編著、佐藤雅彦訳、現代書館、1998年
「正義の暴力なんてあるの？」、新名隆志、(『エシックス・センス―倫理学の目を開け』、新名隆志、林大悟編、ナカニシヤ出版、2013年)
「悲しみをどう乗り越える？」脇崇晴、『エシックス・センス―倫理学の目を開け』、新名隆志、林大悟編、ナカニシヤ出版、2013年。
『テキストブック 生命倫理』、霜田求編、法律文化社、2018年

1-2 インフォームド・コンセント

「インフォームド・コンセントの考え方」林大悟、『改訂版 いのちを学ぶ―倫理として、福祉として、論理として』、木星舎、2011年
『生命倫理辞典』、太陽出版、2010年

2-1 生殖補助医療

「生殖補助医療とその問題点」波多江忠彦、『改訂版 いのちを学ぶ―倫理として、福祉として、論理として』、木星舎、2011年
『AIDで生まれるということ 精子提供で生まれた子どもたちの声』、非配偶者間人工授精で生まれた人の自助グループ、長沖暁子編著、萬書房、2014年
『生殖医療のすべて』、堤治、丸善、2002年
『生殖医療はヒトを幸せにするのか 生命倫理から考える』、小林亜津子、光文社新書、2014年
『生命倫理と医療倫理』、伏木伸次編、金芳堂 2014年
『不妊治療と出生前診断 温かな手で』、信濃毎日新聞取材班、講談社文庫、2015年
「卵巣凍結保存の境界線」中塚幹也、『よく生き、よく死ぬための生命倫理学』篠原駿一郎・石橋孝

明編、ナカニシヤ出版、2009 年
「公益社団法人日本産科婦人科学会」、http://www.jsog.or.jp/
「対外報告　代理懐胎を中心とする生殖補助医療の課題―社会的合意に向けて―」生殖補助医療の在り方検討委員会、日本学術会議、2008 年
「日本産科婦人科学会平成 26 年度倫理委員会登録・調査小委員会報告（2013 年分の体外受精・胚移植等の臨床実施成績および 2015 年 7 月における登録施設名）」、『日産婦誌』第 67 巻第 9 号、2015 年、pp.2077-2121
「平成 25 年（2013）人口動態統計（確定数）の概況」（厚生労働省、2014 年）

2-2　いのちの選別

「生殖補助医療とその問題点」波多江忠彦、『改訂版　いのちを学ぶ―倫理として、福祉として、論理として』、木星舎、2011 年
『完全な人間を目指さなくてもよい理由―遺伝子操作とエンハンスメントの倫理』、マイケル・サンデル、林芳紀・伊吹友秀訳、ナカニシヤ出版、2010 年
『生命操作事典』、生命操作事典編集委員会編、緑風出版、1998 年
『生殖医療のすべて』、堤治、丸善、2002 年
『生殖医療はヒトを幸せにするのか　生命倫理から考える』、小林亜津子、光文社新書、2014 年
『生命倫理と医療倫理』伏木伸次編、金芳堂 2014 年
『デザイナー・ベビー―生殖技術はどこまで行くのか』、ロジャー・ゴズデン、堤理華訳、原書房、2002 年
『不妊治療と出生前診断　温かな手で』、信濃毎日新聞取材班、講談社文庫、2015 年
「生殖医療」斎藤仲道、『よく生き、よく死ぬための生命倫理学』、篠原駿一郎・石橋孝明編、ナカニシヤ出版、2009 年
「公益社団法人日本産科婦人科学会」、http://www.jsog.or.jp/
「厚生労働省」、https://www.mhlw.go.jp/
『妊娠中絶の生命倫理　哲学者たちは何を議論したか』、江口聡編・監訳、勁草書房、2011 年
「NIPT コンソーシアム」、http://www.nipt.jp/

3-1　臓器移植

「臓器移植」林大悟、『改訂版　いのちを学ぶ―倫理として、福祉として、論理として』、木星舎、2011 年
『今問い直す脳死と臓器移植』（第二版）、澤田愛子、東信堂、1999 年
『生命倫理と医療倫理』、伏木伸次編、金芳堂 2014 年
『人体部品ビジネス』、粟屋剛、講談社選書メチエ、2002 年
『脳死と臓器移植〈追補〉資料・生命倫理と法 I』、町野朔、秋葉悦子編、信山社、1994 年
「臓器移植制度と臓器の所有」寺田篤史、『よく生き、よく死ぬための生命倫理学』、篠原駿一郎・石橋孝明編、ナカニシヤ出版、2009 年
「臓器移植法改正をめぐる議論の批判的考察」新名隆志、林大悟、寺田篤史、『生命倫理』通巻 21 号、日本生命倫理学会、2010 年、pp.165 〜 173

「臓器提供制度のあり方に関する過去5年間の英米学術誌の動向」、児玉聡、2006年、https://plaza.umin.ac.jp/kodama/bioethics/organ_procurement_survey.pdf
「日本の移植事情」公益社団法人日本臓器移植ネットワーク、2020年、https://www.jotnw.or.jp/goods/detail.php?id=201
「脳死と臓器移植（死者からの臓器摘出）に関する世界各国の立法」大村美由紀、山田敏之、（『外国の立法』第32巻第4、5、6号、1994年）
「〈脳死は死〉賛否二分、改正移植法」、『朝日新聞』、2009年7月22日、朝刊
「フランスにおける臓器摘出の条件「推定による同意」は正当化できるか？」小出泰士、『生命倫理』通巻13号、日本生命倫理学会、2002年、pp. 76-83
「一般社団法人　日本移植学会」、http://www.asas.or.jp/jst/
「公益社団法人　日本臓器移植ネットワーク」、https://www.jotnw.or.jp/

3-2　臓器移植の未来

「人工臓器・異種移植・再生医学」林大悟、『改訂版　いのちを学ぶ—倫理として、福祉として、論理として』、木星舎、2011年
『iPS細胞とは何か、何ができるのか』、日経サイエンス編集部、日本経済新聞出版社、2012年
『幹細胞　ES細胞・iPS細胞・再生医療』（岩波化学ライブラリー　250）、ジョナサン・スラック、八代嘉美訳、岩波書店、2016年
『新版増補　生命倫理事典』、太陽出版、2010年
『つくられる命　AID・卵子提供・クローン技術』、坂井律子、春日真人、NHK出版、2004年
『びっくりするほどiPS細胞がわかる本』、北條元治、ソフトバンク　クリエイティブ株式会社、2012年
『ひろがる人類の夢　iPS細胞ができた！』、山中伸弥、畑中正一、集英社、2008年。
『もっとよくわかる！幹細胞と再生医療』（実験医学別冊）、長船健二、羊土社、2014年。
「再生医療研究における倫理的・法的・社会的課題について」八代嘉美、『再生医療2015 幹細胞と疾患iPS細胞の研究最前線　飛躍する基礎研究加速する臨床への挑戦』（実験医学増刊）、岡野栄之・山中伸弥編、羊土社、2015年
「人クローン胚でES細胞」、朝日新聞、2013年5月16日　朝刊
「iPS細胞研究の社会的・倫理的課題への取り組み」生命倫理専門調査会、2010年1月19日（内閣府HP内：https://www8.cao.go.jp/cstp/tyousakai/life/haihu58/siryo2-3.pdf）

4-1　死を学ぶことは生を学ぶこと

『死』、V. ジャンケレヴィッチ、みすず書房、1978年
『死ぬ瞬間』、E・キューブラー・ロス、鈴木晶訳、中央公論社、2001年

4-2　看取りの場　看取りの方法

『FUKUOKA　在宅ホスピスガイドブック—最後の時間を家で過ごす人のために』、福岡県在宅ホスピスをすすめる会編、木星舎、2007年
『さようならを言うための時間—みんなで支えた彼の「選択」』、波多江伸子、図書出版木星舎、2007年

参考文献

『在宅死の時代―近代日本のターミナルケア』、新村拓著、法政大学出版局、2001 年
『日本医療史』、新村拓、吉川弘文館、2006 年
『死ぬ瞬間』、E・キューブラー・ロス、鈴木晶訳、中公文庫、2001 年
『どんな病気でも後悔しない死に方』、大津秀一、角川新書、2013 年
『「ビハーラ」の提唱と展開』田宮仁、学文社、2007 年
『モルヒネはシャーベットで―一家で看取った死』、波多江伸子、海鳥社、1995 年
『最期にビハーラは何ができるか　日本的看取りとビハーラの展開』、福永憲子、自照社出版、2015 年
『患者から「早く死なせてほしい」と言われたらどうしますか？――本当に聞きたかった緩和ケアの講義』、新城拓也、金原出版株式会社、2015 年
『医療者と宗教者のためのスピリチュアルケア　臨床宗教師の視点から』、谷山洋三、中外医学社、2016 年

4-3　グリーフケア・グリーフワーク

『改訂版　いのちを学ぶ―倫理として、福祉として、論理として』、波多江忠彦、波多江伸子他、木星舎、2011 年
『死別の悲しみに向き合う―グリーフケアとは何か』、坂口幸弘、講談社現代新書、2012 年
『死を学ぶ　最期の日々を輝いて』、柏木哲夫、有斐閣、1995 年
『悲嘆とグリーフケア』、広瀬寛子、医学書院、2011 年
『悲嘆学入門―死別の悲しみを学ぶ』、坂口幸弘、昭和堂、2010 年
『悲しんでいい―大災害とグリーフケア』、高木慶子、NHK 出版新書、2011 年
「ホスピスにおける遺族へのケア」A・デーケン、『日本のホスピスと終末期医療』、A・デーケン、飯塚眞之編、春秋社、1991 年

4-5　安楽死・尊厳死

「安楽死・尊厳死」林大悟、『改訂版　いのちを学ぶ―倫理として、福祉として、論理として』、木星舎、2011 年。
『安楽死・尊厳死』（シリーズ生命倫理学第 5 巻）、丸善、2012 年
『安楽死のできる国』、三井美奈、新潮新書、2003 年
『安楽死を選ぶ　オランダ・「よき死」の探検家たち』、シャボットあかね、日本評論社、2014 年
『胃ろう、抗がん剤、延命治療いつやめますか？「平穏死」10 の条件』、長尾和宏、ブックマン社、2011 年
『延命治療と臨床現場―人工呼吸器と胃ろうの医療倫理学』、会田薫子、東京大学出版会、2011 年
『海外の安楽死・自殺幇助と法』、甲斐克則編訳、慶應義塾大学出版会、2015 年
『死をめぐる自己決定について―比較法的視座からの考察』（新装増補改訂版）、五十子敬子、批評社、2008 年
『新版　資料集生命倫理と法［ダイジェスト版］』、資料集生命倫理と法編集委員会編、太陽出版、2008 年
『生命倫理と医療倫理』、伏木伸次編、金芳堂 2014 年

『生命倫理学を学ぶ人のために』、加藤尚武、加茂直樹編、世界思想社、1998 年
『バイオエシックス入門』（第三版）、今井道夫、香川知晶編、東信堂、2001 年
『バイオエシックスの基礎』、エンゲルハート、ヨナス他（加藤尚武、飯田恒之編）、東海大学出版会、1998 年
「終末期における死の自己決定権の擁護」新名隆志、『よく生き、よく死ぬための生命倫理学』篠原駿一郎・石橋孝明編、ナカニシヤ出版、2009 年
「終末期医療における患者家族の意思について」寺田篤史、『Humanitas』第 6 号、玉川大学学術研究所、2015 年、pp.151-164
「尊厳死と自己決定権：オレゴン州尊厳死法を題材に」久山亜耶子、岩田太、『上智法學論集』47（2）、2003 年、pp.236-219
「ベネルクス三国の安楽死法の比較検討」甲斐克則、『比較法学』46（3）、早稲田大学、2013 年、pp.85-116
『モルヒネは鎮痛薬の王者　あなたの痛みはとれる　「尊厳ある生」のために』、日本尊厳死協会編、中日新聞社、2015 年

4-6　死刑と裁判員制度

『いま、なぜ死刑廃止か』、菊田幸一、丸善ライブラリー、1994 年
『死刑執行人の苦悩』、大塚公子、角川文庫、1993 年
『死刑絶対肯定論　無期懲役囚の主張』、美達大和、新潮新書、2010 年
『死刑と無期懲役』、坂本敏夫、ちくま新書、2010 年
『死刑廃止論』第 6 版、団藤重光、有斐閣、2000 年
『知っていますか？死刑と人権一問一答』、アムネスティ・インターナショナル日本支部、解放出版社、1999 年
『修復的司法とは何か』、ハワード・ゼア、西村春夫他監訳、新泉社、2003 年
『日本の刑罰は重いか軽いか』、王雲海、集英社新書、2008 年
『癒しと和解への旅』、坂上香、岩波書店、1999 年
「悲しみをどう乗り越える？」脇崇晴、『エシックス・センス―倫理学の目を開け』、新名隆志、林大悟編、ナカニシヤ出版、2013 年
「Amnesty international」、https://www.amnesty.org/en/
「国際人権 NGO アムネスティ日本」https://www.amnesty.or.jp/
裁判員制度の web サイト（最高裁判所）、https://www.saibanin.courts.go.jp/
「基本的法制度に関する世論調査」（内閣府、令和元年）

4-7　動物のいのちを考える

『〈1 冊でわかる〉シリーズ　動物の権利』、デヴィッド・ドゥグラツィア著、戸田清訳、岩波書店、2003 年
『動物の解放　改訂版』、ピーター・シンガー著、戸田清訳、人文書院、2011 年

著者略歴

波多江 伸子　Hatae Nobuko

1948（昭和23）年福岡市生まれ。西南学院大学文学部外国語学科フランス語専攻卒業。九州大学大学院倫理学専攻博士課程単位取得退学。九州大学文学部助手を経て、現在、大学や看護専門学校での非常勤講師として死生学・生命倫理等を教えている。

30代の始めより甲状腺がんと糖尿病を発症し、患者歴35年超。福岡がん患者団体ネットワーク〈がん・バッテン・元気隊〉代表として、がん患者・家族の支援活動を続ける。著書に『モルヒネはシャーベットで 〜家で看取った母の記録』（海鳥社）、『余命6か月から読む本（編著）』（海鳥社）、『からだに寄りそう〜がんと暮らす日々』（春秋社）、『さようならを言うための時間』（木星舎）、『いのちを学ぶ』〔共著〕（木星舎）、『福岡県がん患者団体ガイドブック（編著）』（木星舎）などがある。

寺田 篤史　Terada Atsushi

1981（昭和56）年、長崎県南高来郡（現・雲仙市）国見町生まれ。九州大学大学院人文科学府博士後期課程単位取得退学。哲学・倫理学専攻。現在、徳山大学経済学部特任講師。徳山大学アクティブ・ラーニング研究所（TUAL）副所長。

著書・論文：『エシックス・センス―倫理学の目を開け』〔共著〕（ナカニシヤ出版、2013年）、『改訂版いのちを学ぶ―倫理として、福祉として、論理として』〔共著〕（木星舎、2011年）、『よく生き、よく死ぬ、ための生命倫理学』〔共著〕（ナカニシヤ出版、2009年）、「対話の意義と可能性―徳山大学版哲学カフェ「寺子屋」の実践―」〔共著〕（『徳山大学総合研究所紀要』第42号、2020年）、「終末期医療における患者家族の意思について」（『Humanitas』第6号、玉川大学学術研究所、2015年）、「臓器移植法改正をめぐる議論の批判的考察」〔共著〕（『生命倫理』通巻21号、日本生命倫理学会、2010年）他。

脇 崇晴　Waki Takaharu

1979（昭和54）年、愛媛県川之江市（現・四国中央市）生まれ。山口大学人文学部卒業（2002年）。京都大学大学院文学研究科修士課程修了（2005年）。九州大学大学院修士課程修了（2008年）。九州大学大学院人文科学府博士後期課程修了（2016年）。博士（文学）。倫理学・日本思想史専攻。現在、大学や専門学校で哲学や生命倫理などの非常勤講師を務める。

著書・論文：『仏教と日本 Ⅰ』【日本佛教学会叢書】、〔共著〕（法蔵館、2020年）、『清沢満之の浄土教思想―「他力門哲学」を基軸として―』〔単著〕（木星舎、2017年）、『エシックス・センス―倫理学の目を開け―』〔共著〕（ナカニシヤ出版、2013年）、『よく生き、よく死ぬ、ための生命倫理学』〔共著〕（ナカニシヤ出版、2009年）、他。

考えよう！　生と死のこと
基礎から学ぶ生命倫理と死生学

2016 年 9 月 20 日　第 1 刷発行
2021 年 3 月 20 日　第 3 刷発行

著　者

波多江伸子

寺田　篤史

脇　　崇晴

発行所　図書出版木星舎

〒 814-0002　福岡市早良区西新 7-1-58-207

tel 092-833-7140　fax 092-833-7141

印刷・製本　シナノ書籍印刷株式会社

ISBN978-4-901483-87-2